清水寺御本尊　清水型十一面千手観音《じゅういちめんせんじゅかんのん》お前《まえ》立《だ》ち

清水寺参詣《さんけい》曼《まん》荼《だ》羅《ら》（戦国時代 16 世紀中頃制作）

書下ろし

清水寺の謎

—なぜ「舞台」は造られたのか—

加藤眞吾

祥伝社黄金文庫

本書は、祥伝社黄金文庫のために書き下ろされました。

【まえがき】

京都東山の一角にある清水寺を知らない日本人は、まずいないだろう。日本人なら老若男女を問わず、誰もが子どもの頃の遠足や修学旅行、観光旅行で一度は訪れたことがあるはずだ。

東山三十六峰の一つ、音羽山《おとわやま》（標高二四二・五メートル）の中腹、一二〇〜一三〇メートル付近に存在し、「輪奐《りんかん》の美」といわれる高大で壮麗な堂塔伽藍を拝観するため、昨今では国内外から年間約五百万人もの人々が訪れる。

創建を宝亀九年（七七八）と伝えている。およそ千二百年余の歴史を持つが、なぜにこの寺にこのように多くの人が訪れるのか、その魅力、面白さをきちんと解明した人を、私はまだ知らない。

北法相宗《きたほっそうしゅう》大本山《だいほんざん》音羽山《おとわさん》清水寺は、絶大な功徳、御利益《ごりやく》をもたらす十一面千手観音を御本尊とし、西国三十三所観音霊場の十六番札所であること。前述のとおり、輪奐の美を持ち、さらに風光絶美であることなど、魅力は多々ある。

しかし、千二百年余の歴史の中で前後十回ほども全焼、全壊といったことに遭遇していながら、必ず復興復活して、以前以上の諸堂伽藍を誇り、賑わうのはなぜか。その秘密を完全に解き明かしてくれた人はない。その秘密にできるだけ迫ってみたい。

清水寺学芸員　加藤《かとう》　眞吾《しんご》

目次

第一章

清水寺はなぜこの地に開かれたのか

第二章 「清水寺の舞台」はいつ、何のために造られたのか

第三章　清水寺はなぜ何度も焼けたのか

第四章

潰れかけた清水寺

第五章　清水寺参詣《さんけい》曼荼羅《まんだら》の不思議

第六章 観音様とは、どんな仏様

第七章　古典、軍記物、お伽草子、芸能……、清水寺はどこにでも

第八章　音羽の滝はなぜ三筋？　その御利益は？

第九章　庶民信仰の寺　清水寺は大絵馬の宝庫

第十章 月照・信海の兄弟、安政の大獄で非命に倒れる

第十三章 清水寺堂塔の今

写真・史料協力／清水寺
口絵写真／便利堂
図版制作／ J-ART

清水寺堂塔伽藍配置図

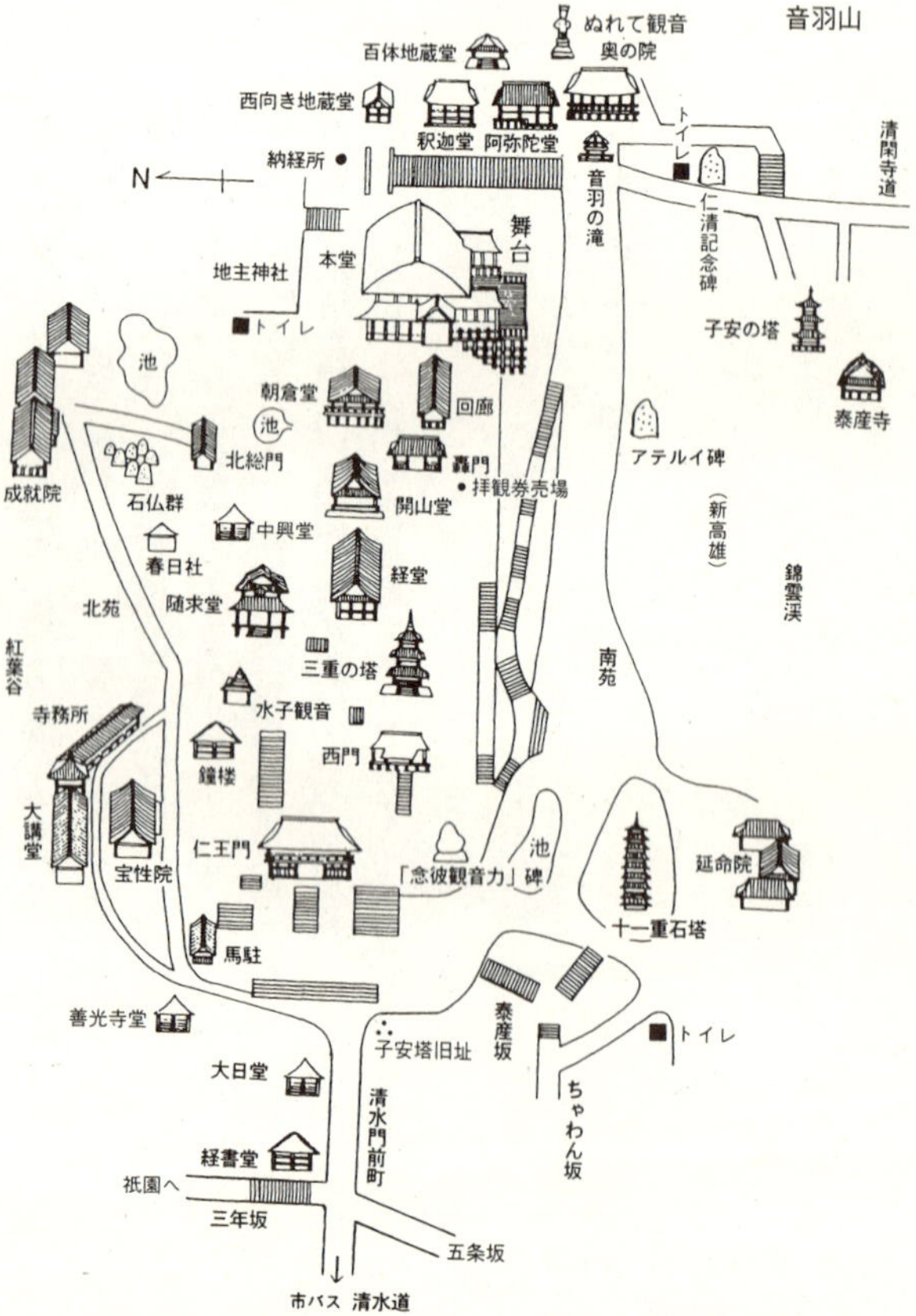

『京都 清水寺さんけいまんだら』より

第一章 清水寺はなぜこの地に開かれたのか

諸説あった清水寺縁起

清水寺の創建については、さまざまな説がある。

大ざっぱに言うと、七つほどある。もっとも古いものが『伝明衡《あきひら》』本。年代順に並べていくと、一〇九四年までの歴史書の中から、仏教関係の史料や寺院の古伝承を年代順に編集し、比叡山の僧皇円《こうえん》が著わした『扶桑略記《ふそうりやくき》』本、一一〇八年ごろに成立したと見られる仏教説話集の『今昔物語集《こんじやくものがたりしゅう》』本、『今昔物語集』本とほぼ同時期に成立したと見られる『建立記』本、先行する諸縁起類、寺伝に広大の史料を加えたと見られる『漢文縁起』本、河内金剛寺に残る鎌倉時代半ば成立も推測される『仮名縁起』本、そして、十六世紀前半に成立した『絵巻』本、これは現在東京国立博物館が所蔵する『清水寺縁起絵巻』をいう。

それぞれに、少しずつニュアンスが異なっている。だが現在では、平安時代中頃に当時の大学頭《だいがくのかみ》（大学は、律令制下での中央の官吏養成機関。大学頭は大学寮の長官、従五位上に相当）だった藤原明衡（九八九〜一〇六六）が撰したとされる『清水寺縁起』（江戸時代後期の盲目の大国学者、塙保己一《はなわほきいち》が編纂した『続群書類従《ぐんしょるいじゅう》』所載）を基本に、その内容に、それぞれの成立年代によって、さまざまな話を付け加えた形を取っており、一応、明衡本といわれる『清水寺縁起』が定説となっている。

つまり、清水寺の開創については、十一世紀から十二世紀にかけて、藤原明衡撰の『清水寺縁起』が伝える内容が、定説化していたと考えて間違いないだろう。

奈良・子島寺（子嶋寺）の僧延鎮《えんちん》が開山

さて、その縁起。大和国高市郡というから、明日香の地、現在の奈良県高市郡高取町に子島寺という法相宗の寺があった。報恩大師という高徳の僧が、天平宝字四年（七六〇）に孝謙《こうけん》天皇の勅願によって建立した、とされる。この寺に賢心《けんしん》（後に延鎮）という僧がいた。

延鎮は後に報恩大師の後を継ぎ、子島寺第二代の住職にもなった大師の高弟。延鎮は時の仏教が、朝廷との結びつきを深め、政治にくちばしを入れていることに対し批判的だった。この時代、すこしさかのぼると、橘諸兄《たちばなのもろえ》のもとで吉備真備《きびのまきび》とともに朝廷で権力を振るった玄昉《げんぼう》や、孝謙天皇（称徳《しょうとく》天皇）の寵を得て法王にまで上りつめ、皇位を狙うまでになったとされる道鏡《どうきょう》などが出現した時代だった。延鎮は、「六時三《ろくじざん》昧《まい》」というから、昼夜を問わず永年、ひたすら仏法修行に取り組んでいた。さらに、こうも書かれている。

「蘿衣《らい》を着て以て聚落《しゅうらく》に出で、木叉《もくさ》を杖として以て山林に入る」

つまり「蔦《つた》や葛《かずら》でつづり、織った衣を着て聚落《しゅうらく》（村）に現れ、二またの木を杖として山林中に分け入る」と。子島寺は別名「子島山寺」。いわば彼は山岳修行の僧でもあった。

この延鎮、宝亀九年（七七八）四月、霊夢を見る。枕頭に白衣の老仙人が立ち、「南を去り北に清らかな水を求めよ」と告げた。延鎮はこの夢に従い、南大和の地、子島寺を後にして、現代的な距離感覚でいうと直線距離にして約八〇キロだが、奈良時代末であるから、山岳修行の徒にふさわしく、道無き道の山野を跋渉《ばっしょう》して北へ向かった。

途中、琵琶湖から流れ出た宇治川、現在の三重県を源《みなもと》とし奈良県と京都府の境を流れる木津川、丹波山中から出て京都市の西側を流れる桂川の三川合流点近く、宇治川の北側縁に沿って黄金色に輝く流れを見つける。

この金色の水を辿《たど》って上流に向かうと、京都盆地を縦断して北から南に流れ宇治川と合流する鴨川に至る。さらに鴨川をさかのぼると、鴨川に注ぐ清流、音羽川（現在は暗渠《あんきょ》となっている）に金色水の源を発見した。これが、京都東山三十六峰の第二十九峰、音羽山（標高二四二・五メートル）の中腹（同およそ一二〇メートル）から流れ落ちる音羽の滝だった。

音羽の滝には、延鎮の夢枕に立った白衣の老仙人がいた。滝に打たれ修行すると見えた老仙人は延鎮にこういった。

「我が名は行叡《ぎょうえい》（居士）という。この地で行をすること二百歳。わしは心に観音の威力を念じ口に千手真言を誦《じゅ》し、お前の来るのを永年待っていた。観音力を封じた霊木を授ける故《ゆえ》、これに観音像を刻み、我が草庵を汝の住まいとし、この草庵に観音像を祀《まつ》り、寺を開け」

行叡は「居士」と称していた。居士とは、在家の仏教修行者。僧侶ではないが、仏法を信じ修行している者だ。その居士を称する齢《よわい》二百歳を超す仙人は、延鎮にとってまさに観音の化身と信じられた。老仙行叡は、「東国に修行の志《こころざし》あり」と言い残すや、何方《いずかた》ともなく飛び去ったという。

延鎮は行叡の言葉にしたがって、授かった霊木に観音像を彫り、草庵に祀って自らは滝に打たれる修行にいそしんだ。ここに「清水寺」の第一歩が刻まれたことになる。

坂上田村麻呂《さかのうえのたむらまろ》公、延鎮と邂逅《かいこう》。寺の発展を支える

音羽の滝の水に打たれ修行し、寺を開こうとする延鎮の身の上に一大変化が訪れたのは、二年後の宝亀十一年（七八〇）夏だった。一沙門の身の上で寺を開くことなど難しい。ましてや当時は、官立の寺しか認められておらず、私立の寺を建てることなどありえなかった。

「何とか寺を開き、正しい仏法を広めたい」と念じ、滝に打たれ荒行を続けている延鎮だったが、なかなかにその機会は訪れなかった。この時、一人の武将が延鎮の前に現れた。坂上田村麻呂という。後漢《ごかん》（中国）霊帝《れいてい》の曾孫阿知《あち》王の末と称し、倭漢《やまとあや》（東《あずま》漢《あや》）の血を引き、武をもって立つ家柄に生まれている。父もまた数々の戦で勲功を上げ、従三位となった苅田麻呂《かりたまろ》。

後に武官としては最高の地位である征夷大将軍となる田村麻呂は、この時まだ左近将監だった。左近は近衛府の一つ、左近衛府。将監はその三等官、従六位上相当の武官である。弱冠二十三歳、命婦《みょうぶ》（律令制下での夫人の称号）三善高子をめとり、高子妊

娠の最中だった。高子の胎内の子はすくすくと育ったが、なかなかに誕生しない。十月十日どころか十四、五カ月になろうかというのに生まれない。

田村麻呂は、「安産に効く。妊婦に体力をつけるに効く」といわれた鹿の胎児を求めて、東山の山中に鹿狩りに入った。鹿を射止めたが、喉の渇きを覚えた田村麻呂は、音羽の滝の清らかな水のもとにたどり着いた。そこには滝行中の延鎮がいた。狩り装束に身を固めた田村麻呂を見た延鎮は尋ねた。

「拙僧は大和国子島寺の僧、賢心（延鎮）と申します。観音のお導きで、ここ音羽の滝で仏法修行に励む者。貴方様はいかなるお方か。どのようなことで、ここにお出でなされましたか」

「宮中で天皇様をお守りする左近衛府の将監、坂上田村麻呂と申す。身籠《みご》もりし妻のため、安産に効ありと聞く、鹿の胎児を求めてこの山中に鹿狩りに参った。幸い鹿を射止めることができたが、山中を駆けめぐり喉が渇いておる。滝の水を所望する」

それを聞いた延鎮は、こう諫《いさ》めた。

「聞けば、お子様の健やかな誕生のための鹿狩りとか。お考え違いではないでしょうか。新しい生命の誕生のために殺生をなさるというのは、間違っておられます。広大無辺の御利益《ごりやく》を施しくださる、大慈大悲の観音菩薩をこそ、お頼りになるべきです」

この延鎮の言葉に、田村麻呂は深く打たれた。大和の我が家に帰った田村麻呂は、早速にこの日の体験を高子命婦に伝えた。

「そのお坊様の言うとおりです。新しい生命の誕生を、たとえ動物とはいえ、その血で汚すことは許されることではございません。私どもは、お坊様の仰《おつしや》るとおり、観音様におすがりしましょう。これからは一心に観音様を信じて参りましょう」

夫婦に玉のような男の子が授かった。何と十五カ月での出産だったと伝える。歓びの夫婦は早速に、延鎮への協力を申し出た。

「御坊《ごぼう》は寺を開き、観音菩薩への信仰を広めたいと言っておられたな。そのためのお役に立ちたい。ついては、我が邸を寄進しよう」

夫妻は邸を解体し、東山の山中に運び、そこに仮本堂を建てたと伝える。後の室町時代中頃、十六世紀初めに描かれた『清水寺縁起絵巻』の中に、こんな状況が描かれている。数百頭の鹿の群れが、東山の山中を駆け下り、急峻《きゆうしゆん》な地面を踏み固め、平《たいら》にしているのである。そこに開けた地に諸堂が建てられていったという。これは、田村麻呂が最初に射止めた鹿を懇《ねんご》ろに弔い、その霊を慰め、以後、鹿狩りをせず鹿を大事にしたことに、鹿たちが感応したということなのである。鹿を弔った跡は、現在の鐘楼の西にこんもりとした塚、鹿間塚として伝えられている（実際は古墳の跡と思われる）。

清水寺（当時はまだ名の付くような寺ではなかった）に、本堂らしき建物が建てられた最初だった。その頃は音羽山寺とか、延鎮の出身子島寺が観音寺とも言われていたことから、南都奈良の観音寺に対し北の観音寺、「北観音寺」と呼ばれていたらしい。そして、この頃、前名の賢心から延鎮と改名している。この時、夫妻は同時に金色八尺の十一面千手観音像を清水寺御本尊として寄進した。以後、清水寺の御本尊は十一面千手観音として尊崇されることとなる。

清水信仰と観音信仰の寺、清水寺

京都音羽山清水寺、その名のとおり、音羽山の中腹に湧《わ》き流れ落ちる「清水」に由来する。もともと水は万物の成長に欠かせないところから、「清水」に対する信仰は古くより、全国各地にある。例えば、弘法大師空海の井戸掘り伝説が、さまざまなバリエーションを持ちながら、広く各地にあることからもわかるはずだ。

とくに「滝」には、滝の水に打たれることで雑念を払う、とする修行を伴い、聖地としての大きな意味、役割があった。熊野修験の聖地、那智の滝は那智大社のご神体であることでも、よく理解できるはずだ。

そして、滝と観音信仰との関連は、「華厳経《けごんきょう》」に由来すると思われる。善財童子が観音の住まい、浄土である補陀落山《ふだらくさん》にたどり着き、観世音菩薩に拝謁する話が華厳経にある。この補陀落山が観音浄土であるとする「補陀落思想」は、山岳修行者にとって大きな影響があったと見られる。西国三十三所観音霊場の第一番札所、那智山青岸渡寺の御本尊は如意輪観音である。滝に対する古来からの信仰と、補陀落思想の影響が結びついたと考えられる。

清水寺はその風光絶美の立地から、まさに観音の住まう補陀落山に擬せられている。今でこそ三筋の小さな流れであり、町中に建ち並ぶ高層建築物のせいで、京都の町からは音羽の滝は見ることはできない。しかし、江戸末期の瓦版の挿絵には、この滝が鉄砲水のようにあふれ出しているところを、描いたものがあるという。つまり、遙《はる》か西の方から東山を見ると、山中から一条の滝がとうとうと流れ落ち、西に沈む夕日を浴びて金色に光る光景が見えたかもしれない。

観音浄土に滝、清水寺はその象徴的な寺として、多くの人々の信仰対象になっただろうことは、容易に理解できる。

田村麻呂、清水観音の霊験で勝利し、ますます清水信仰を深める

延暦十年（七九一）には田村麻呂は征東副使となり（『続日本紀』）、同十四年（七九五）、平安京への遷都翌年、従四位下に叙せられ（『日本紀略』）、武官としての地位を確固たるものにしていた。この年、六月には子島寺の報恩大師が入滅《にゅうめつ》し、延鎮は子島寺二世を兼職することになった。

この頃朝廷は、東国（現在の東北地方）の蝦夷《えみし》の叛乱に手を焼いていた。延暦十年（七九〇）七月に大伴《おおともの》弟麻呂《おとまろ》が征東大使となり、この時の副使が田村麻呂。同十三年には征東大使は「征夷大将軍《せいいたいしょうぐん》」となった。初代の征夷大将軍大伴弟麻呂は、大した成果を上げることができなかった。しかし、田村麻呂はその後、東北経営には欠くべからざる人材として、重用されていく。

同十五年（七九六）には陸奥《むつ》出羽《でわ》按察使《あぜち》・陸奥守に、さらにすぐ鎮守将軍を兼ねることとなり、翌十六年征夷大将軍となっていく。なお、同十七年に自宅の殿舎を寄進

し、清水寺を創建したとする説もある。また、延暦二十年（八〇一）には清水寺寺地が田村麻呂に下賜され、清水寺が坂上田村麻呂の私寺だったことがわかる。一方、田村麻呂の東北遠征は着々と進行していた。

こんな話が伝えられている。

ある戦《いくさ》で田村麻呂率いる朝廷軍は、蝦夷の大軍に包囲され風前の灯火《ともしび》となっていた。田村麻呂は懸命に祈る。

「我が信じる清水観音、何とぞこの蝦夷の軍勢を打ち破らせ給え。南無観世音、南無観、南無観、……」

奇跡が起きた。清水寺の地蔵菩薩、毘沙門天が翁と武者に姿を変えて現れ、蝦夷軍へ向かって散々に矢を射かけ、追い払ってくれたのである。田村麻呂は勝利をおさめることができた。清水寺に今も伝わる御本尊脇侍《きようじ》が、通常の千手観音脇侍は婆藪《ばす》仙人と大弁功徳天であるのに、地蔵菩薩と毘沙門天であり、「勝軍《しようぐん》地蔵」「勝敵《しようてき》毘沙門」と称されるのはこのことからである。同十七年（七九八）、田村麻呂夫妻は延鎮に合力し仏殿を改造拡充、本尊脇侍に地蔵尊と毘沙門天を安置し、この時初めて『清水寺』の額を掲げたという。

同二十一年（八〇二）はじめ、朝廷軍の拠点となる胆沢《いさわじょう》城を築いた。そしてとうとう、この年の夏、十年以上にもわたって戦ってきた蝦夷の頭領阿弖流為《あてるい》と副頭領母禮《もれ》を服属させることに成功したのだ。

蝦夷を服属させるも、助命嘆願空しく、阿弖流為ら処刑さる

「長年にわたる戦いで、朝廷軍とそなたらの蝦夷軍ともに、多くの人々が血を流し、命を失ってきた。お互いに矛《ほこ》を収め和平を結ぶべきではないか」

「田村麻呂公を信用しよう。我らも戦の明け暮れがいいとは思って居《お》らぬ」

田村麻呂は今後の東北地方の経営には、阿弖流為と母禮の力こそ必要と感じていた。彼らを指導者として、彼の地の経営を任せることこそ平和をもたらすと信じていた。

「阿弖流為、母禮のお二人、私とともに都に行こう。私から朝廷に申し上げ、お二人の力が今後の平和のために必要なことを、お認めいただこうと思う」

田村麻呂は二人を伴って都（平安京）へ凱旋《がいせん》した。田村麻呂はあくまで彼らを捕虜とは思っていなかった。だが、この田村麻呂の思いは通らなかった。朝議で裏切られ

ることになる。

「折角、捕まえた蛮族どもを解放するなどとはとんでもない。ましてや彼らに、あの地を任せるなどとは」

「捕まえた虎を野に放つみたいなものだ。彼らは地元に帰れば、再び叛乱を起こすに決まっている。速やかに処刑するべきだ」

時の朝廷の公家たちは、自らは手を汚さず血も流さなかったにもかかわらず、人の功をねたんでいた。彼らは田村麻呂の思いを裏切り、阿弖流為と母禮の二人を河内国杜山（現在の大阪府枚方市牧野公園）で処刑してしまう。田村麻呂にとって痛恨の一事だった（このことは後世、現代になって清水寺境内南苑に、関西在住の岩手県人たちが、『北天の雄　阿弖流為母禮之碑』を建立することにつながる）。

坂上田村麻呂家の私寺から『国家鎮護』の寺へ

しかし、田村麻呂のその後は順調だった。延暦二十四年（八〇五）には参議に任じられている。この年には朝廷が官符によって寺地を施入している。つまり、朝廷が寺に用地を贈ってくれている。翌々年の大同二年（八〇七）、夫人三善高子はその寝殿

田村堂に安置されている坂上田村麻呂公坐像

音羽の滝の先に立つ「阿弖流為母禮之碑」

を移し仏殿とした。弘仁元年（八一〇）、朝廷は私寺を壊し、その材を東寺と西寺に移すことを決定する。しかし、こうした坂上田村麻呂家の働きを認めてか、田村麻呂死後になるが、坂上家の私寺である清水寺については、『鎮護国家之庭』であるとして、これを免じているのである。いかに田村麻呂の功績が重んじられたかがわかる。

正史には記録されていないため事実関係は判然としないが、伝承ではこんな話もある。

平安京へ遷都する前、桓武天皇は重臣藤原種継を造長岡宮使に任じ、（平安京の西にある）長岡の地に都を造営し、遷都しようとした。延暦三年（七八四）のことである。この遷都計画はうまくいかなかった。まず長岡京遷都の首唱者、種継が暗殺される。この事件に連座したとして、桓武天皇の異母弟で皇太子であった早良《さわら》親王が後継者から廃され憤死。その後、桓武天皇の朝廷には怪異が続き、早良親王の祟《たた》りが噂《うわさ》され、結局、この長岡京造営は失敗する。

しかし、延暦十三年（七九四）には平安京への遷都が実現する。ただ、この後も長岡には、紫宸殿《ししんでん》となるべきであった建物が残されていたという。その紫宸殿の建物を東征の功績にと、田村麻呂に下賜し、田村麻呂はそれを清水寺本堂に寄進したという。現在も平安貴族の住まい、寝殿造りの姿そのままの清水寺本堂は、長岡京紫宸殿を下賜されたことに由来しているというのである。

弘仁二年（八一一）五月、田村麻呂は五十四歳で没する。従二位が追贈され、栗栖野（現京都市山科区勧修寺）に葬られ、すぐにこの地三町が朝廷から田村麻呂墓地として与えられている。

田村麻呂が葬られたとき、こんな逸話が残されている。

――勅ありて、甲冑《かっちゅう》・剣鉾《けんほこ》・弓箭《きゅうせん》等の兵器を具し棺槨《かんかく》にこれを納め、城東に向へて竪《た》ちながらに葬らしむ。なほ宣旨《せんじ》に云わく、「この後、国家に非常・禍難《かなん》が起るならば、この塚墓の内、鼓うつごとく雷動のごとくして怪相を告げよ」と。また「今後、将軍を号して坂東の奥地に向はん者、先ず密かにこの墓所に参るべし。深く祈禱をなして発向の輩、城を抜き敵を降すこと計るに勝うべからず」と。

田村麻呂は死して後もなお、都を守り、国を守ると信じられていたのだ。

同十二年（八二一）には延鎮が入滅する。ここに清水寺創生の第一期が終わる。

「田村麻呂伝説」は東北全域に広がる

田村麻呂死後も、清水寺と彼の子孫との縁は切れたわけではない。後述するが、孫に当たる葛井《かどい》親王（桓武天皇の子）が塔を寄進してくれている。そういった関係だけでなく、彼の子孫たちは、何代にもわたって清水寺の「別当職（俗別当）」についている。

坂上家の私寺から、「国家鎮護の寺」と認められたとはいえ、坂上家はやはり清水寺と深い関係を保っていたことがはっきりしている。

ここで少し余談を。

全国に田村麻呂が創建に関与した、と伝えられる寺社が無数にあることを、読者諸賢はご存じだろうか。さすがに京都より西、西国にはほとんどないが、南の紀伊半島熊野、東の鈴鹿山、北陸、東海、関東、もちろん東北地方は全域にわたって、田村麻呂が創建したとされ祭神となっている神社や、開基開山とされる寺院があまたある。

さらに田村麻呂の生誕地は、現在の奈良県高市郡高取町であったというのが定説となっている。坂上氏が中国・後漢の皇帝の血筋であるとする倭漢（東漢）の一統と称していることは前述した。このため、渡来し帰化した後、坂上一族はこの地に居を構

坂上氏略系図

『坂上系図』より作成

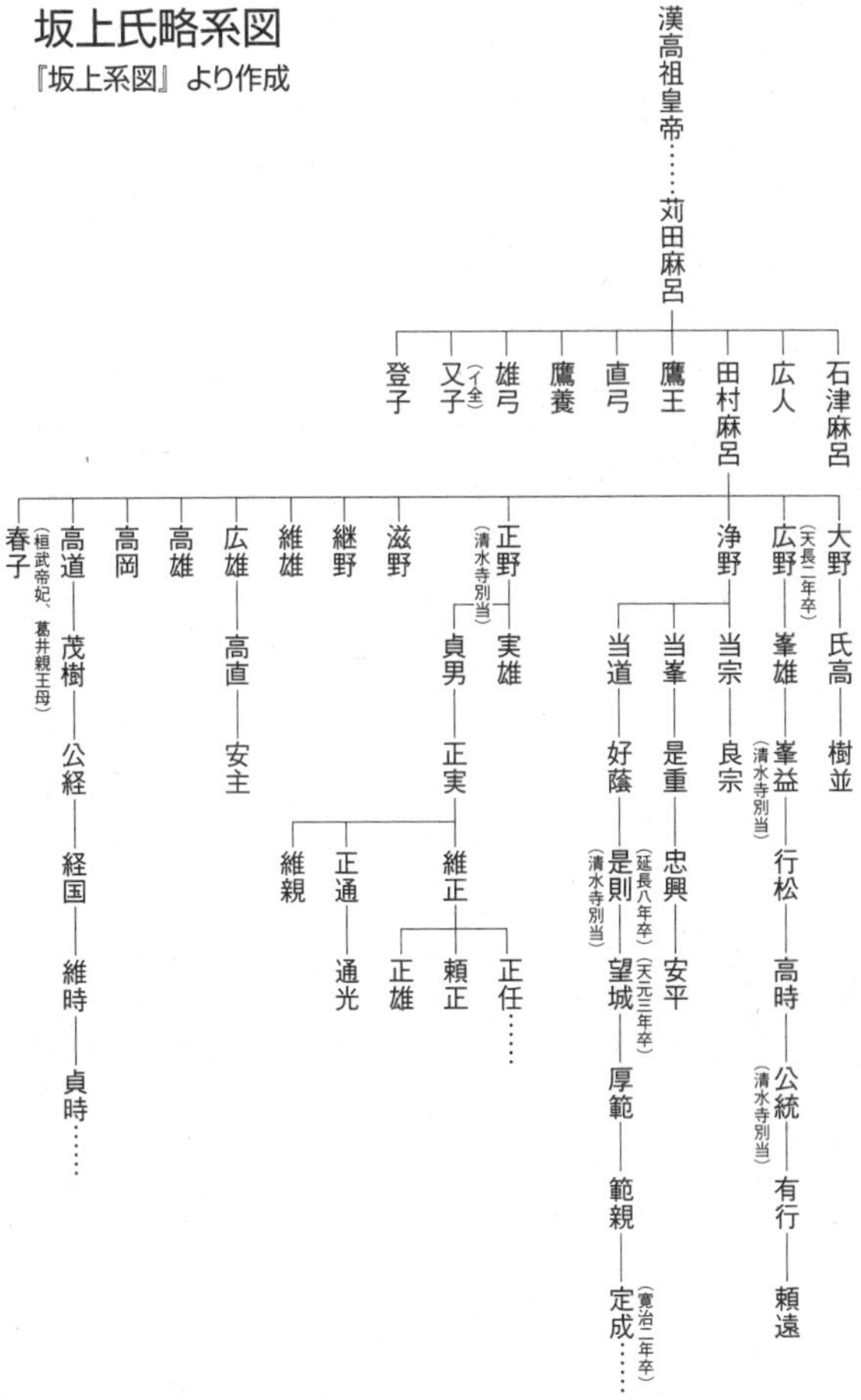

漢高祖皇帝……苅田麻呂
石津麻呂
広人
田村麻呂
鷹王
直弓
鷹養
雄弓
又子（イ全）
登子
大野
氏高
樹並
広野（天長二年卒）
峯雄
峯益（清水寺別当）
行松
高時
公統（清水寺別当）
有行
頼遠
浄野
当宗
良宗
当峯
是重
忠興
安平
当道
好蔭
是則（延長八年卒）（清水寺別当）
望城（天元三年卒）
厚範
範親
定成（寛治二年卒）……
正野（清水寺別当）
実雄
貞男
正実
維正
正任……
頼正
正雄
正通
通光
維親
滋野
継野
継雄
広雄
高直
安主
高雄
高岡
高道
茂樹
公経
経国
維時
貞時……
春子（桓武帝妃、葛井親王母）

えていた。ために、田村麻呂もここで生まれたというのが定説なのである。ところが、東北の一角、現在の福島県の田村市や田村郡三春町、同小野町、郡山市の一部地域、つまり旧田村郡といわれる地には、田村麻呂生誕の地伝承がある。

田村麻呂の事蹟中、正史にはもちろんまったくの記録はなく、彼の一生の経歴をたどっても、まずその地を訪れたことはないはず、と思われるような地域にも、「田村麻呂創建伝説」の寺社がある。

一番極端な例は青森県だ。青森県の夏の祭として全国的にも有名な「ねぶた（ねぷた）祭」は、田村麻呂の東征伝説を元にしている。しかし、前述のとおり、正史にも田村麻呂個人の経歴にも、田村麻呂が津軽地方、現青森県に足を踏み入れた形跡はない。それなのに、明治初めの神仏分離、廃仏毀釈《はいぶつきしやく》によって、相当数の寺社が廃寺、廃院となって、正確な数はわからないものの、現在判明しているだけで、三十社寺を超している。一説には、田村麻呂建立の寺社は三百以上を数えたとも言われるほどである。

これは清水寺の学芸員・学芸顧問だった故横山正幸《よこやままさゆき》氏の調べたものだが、「青森県と坂上田村麻呂伝説」という記事が、清水寺の布教誌『清水』の平成十七年（二〇〇

坂上田村麻呂時代の東北地方

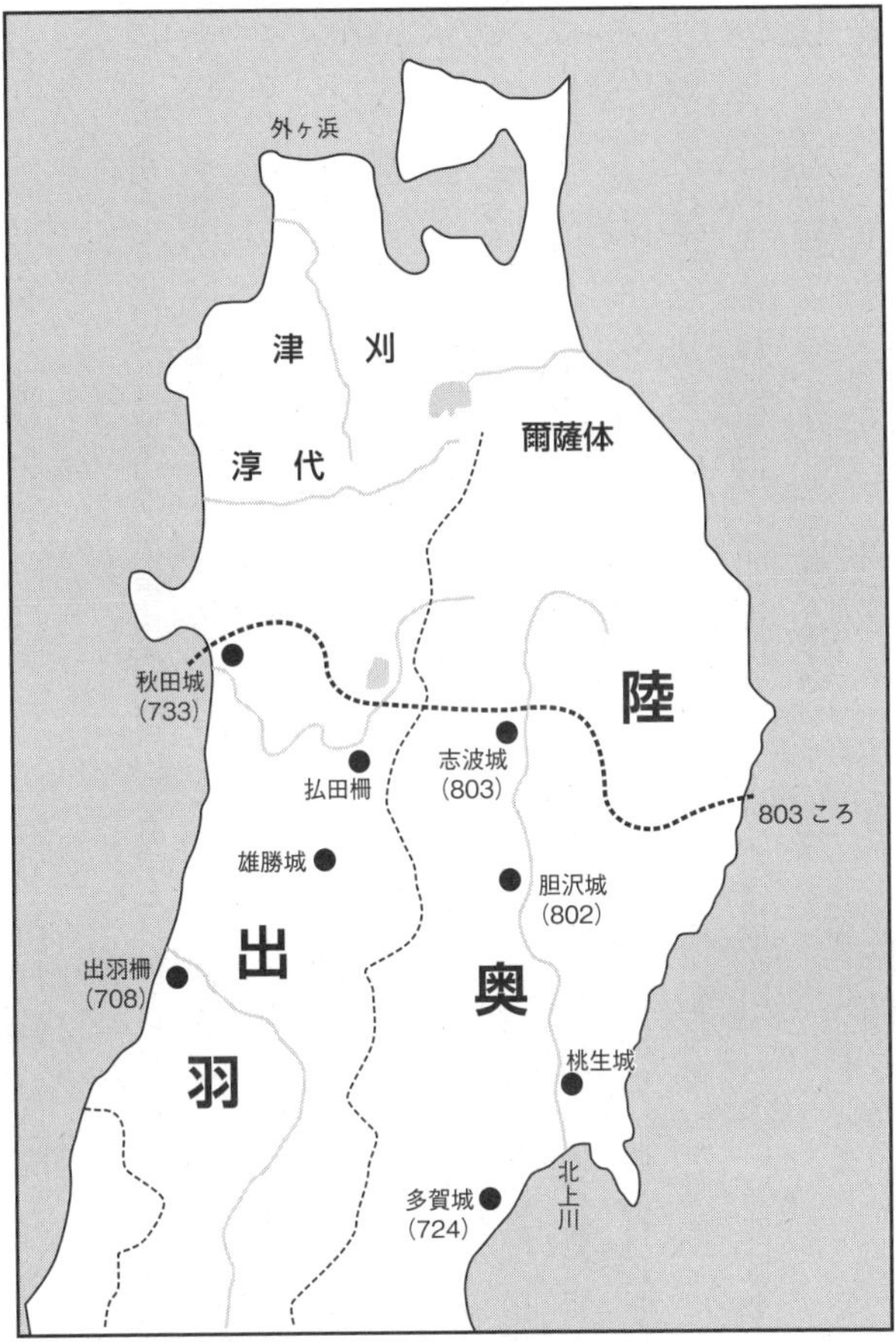

五）発行の第一五九号に掲載されている。これに基づいて田村麻呂の足跡をたどってみよう。

延暦十五年（七九六）、陸奥出羽按察使（諸国司の政治を巡視・監察する役目）兼陸奥守となり、さらに鎮守将軍も兼ねている。陸羽全域の軍政、民政両方を統べる最高行政官兼司令官となっているが、当時の拠点は現在の宮城県内にある多賀城である。翌十六年には征夷大将軍となり、また同二十年（八〇一）二月には再び征夷大将軍を拝命し、東北地方の平定任務に就いている。

現在の岩手県奥州市水沢区周辺、つまり胆沢地域の軍事的平定は、この時期ほぼ目処がたったようだ。同二十一年（八〇二）には平定した東北地方の経営のため、田村麻呂は「造《ぞう》陸奥国《むつのくに》胆沢《いさわ》城使《じょうし》」として派遣された。現在の奥州市水沢区佐倉河に胆沢城を造営し、それまでの鎮守府多賀城を、胆沢に移している。この頃、胆沢付近を根拠地とし、田村麻呂と対していた蝦夷の頭領阿弖流為、副頭領母禮らが降伏している。さらにこの翌年には、胆沢より北に位置する現盛岡市太田方八丁《ほうはっちょう》に志波城を造るため「造志波城使」となり、この城を造築している。

以後、二十三年（八〇四）にも征夷大将軍に任じられ、志波城よりさらに北方の爾《に》薩体《さて》への進出が計画されたようだが、朝議がまとまらず中止。翌年には田村麻呂を重用した桓武天皇が崩御し、その後は田村麻呂が陸奥（東北）に足を踏み入れることはなかった。付した図を見てほしい。この点線部分より北は、田村麻呂の足跡はないのである。

このほかにも前述したとおり、田村麻呂が足を踏み入れたとは思えない地に、多くの田村麻呂伝説が残されている。

これら多くの田村麻呂伝説には、中世後期の室町時代に入って誕生したお伽《とぎ》草子や能などの、鈴鹿山で凶賊を退治する田村麻呂像が現れる。能では『田村』、お伽草子では『田村の草子』『鈴鹿』などがある。

田村麻呂の生誕地伝説は？

いまひとつの生誕の地伝説だが、田村麻呂の父苅田麻呂は確かに東北にきている。しかし、田村麻呂が生まれたのは天平宝字二年（七五八）だが、この年の前後に苅田麻呂が東北にいたという記録はない。それどころか、この年の前後から朝廷は、天皇家の後継争い（後の恵美押勝《えみのおしかつ》＝藤原仲麻呂の乱につながる）や、弓削道鏡《ゆげのどうきょう》の帝位を窺《うかが》う事件などが相次ぎ、混乱を極め、苅田麻呂もその渦中にいたことがはっきりしている。まず、この時期、苅田麻呂が東北にいて、田村麻呂が東北で誕生したことはあり得ない話であることがわかる。

田村麻呂伝説はその功、人格、容姿すべての総合から

ただ、なにゆえにこれほどたくさんの田村麻呂伝説が生まれたのか。それは、『群書類従』所載の『田邑麻呂伝記』や、『続群書類従』所収の『清水寺縁起』の評伝をみれば、なるほどと頷《うなず》ける。意訳して伝えよう。

—大納言坂上田村麻呂公のこと。

我が国に於いて数代の天皇（淳仁、称徳、光仁、桓武、平城、嵯峨の六代の天皇）に仕え、道徳すべてに正しく、容姿は整い優れて、人徳が備わっている。

身の丈は現代でいえば二メートルを超え、胸の厚さたるや七〇センチ。眼は蒼鷹のように鋭い瞳で、耳際の髪の毛は金色に耀き、細長く縮れてたれている。怒ったときの眼で、ギョロギョロと睨《にら》みつければ猛獣すらも恐れてたちまち倒れる。微笑《ほほえ》んだと

きは眉をのばし赤子をもなつかしめる。

真心がお顔に端正に、しかも麗しく現れており、その堅い節操と強い力には並ぶ者はいない。また、その武芸は優れ天下にとどろき、勇姿は衆人を超越している。陸奥へ勇壮に遠征し、都にあっては能く学問に勤《いそ》しむ。まさしく文武の英雄というべきで、戦略を陣中幕営の中でめぐらし、戦勝を千里の外でおさめる。誠に優れた知謀の将軍である。

これはまさに、福徳の武神である毘沙門天が人の姿をもって現れ、国家をお護りくださっているといえよう。

とにかくべた褒めである。亡くなったときも、嵯峨天皇が特別の寵愛を込めた弔辞を贈っている。嵯峨天皇の下命で撰せられた勅撰漢詩集『凌雲集』には、撰者の一人、小野岑守《みねもり》が嵯峨天皇の御製に和して弔辞を作っている。

「千里戦勝して捷旋《しょうせん》（勝利）に厭《あ》く。武を援《ひ》きては当《まさ》に弐師《じし》（李広利）の右に居るべく、勲を論じては須《すべか》らく衛青の前に勒（刻文）すべし」といい、さらに「天子（嵯峨天皇）哀傷して神筆を下す」と記している（李広利、衛青ともに中国漢代の名将軍）。

さらに後世、武家が政権を担う際、源頼朝に始まって「征夷大将軍」を称して、幕府を開くことが慣例となった。足利氏の室町幕府、徳川氏の江戸幕府がそれである。征夷大将軍の威令の高まりとともに、田村麻呂の威名も一層高まっていく効果をもたらした。

田村麻呂伝説が広範囲に広がったのは、彼の子孫たちの働きも加味されている。彼らは武門の伝統を継ぎ、陸奥鎮守府の将官となったり、陸奥国府の官僚、鎮西太宰府の軍高官になって、それぞれその地を治めるに功を上げている。後世、これらほとんどが、田村麻呂の功績といわれ、伝えられていくことになる。

田村麻呂は軍人としてだけでなく、治世家としても非常に優れていたと伝えられている。また、その略歴の中に内匠助《たくみのすけ》、木工頭《もくのかみ》、胆沢城・志波城造営使、造西寺長官などがあり、土木建築にも秀でていた。こうしたことすべてが、後世の田村麻呂伝説に描かれる田村麻呂像を作り上げていったといえる。

第二章

「清水寺の舞台」はいつ、何のために造られたのか

最初はなかった「清水の舞台」

清水寺といえば、まず誰の頭にも「清水の舞台」が浮かぶはず。清水寺の代名詞的な存在である。しかし、創建時から舞台を備えた本堂があったわけではない。前章で述べたように、坂上田村麻呂公夫妻によって本堂、御本尊が寄進され、その後も桓武天皇や嵯峨天皇の庇護もあった。

清水寺にいまも三重塔としては日本最大級といわれる華麗な塔がある。田村麻呂公の孫（田村麻呂公夫妻の子、春子が桓武天皇の後宮に入り産んだ子）、つまり桓武天皇の子でもある葛井親王が、異母兄嵯峨天皇のために建てたといわれる塔だが、この三重塔はじめ、さまざまな人々によって寺容寺観が整っていった清水寺だが、あの本堂に舞台が付設されたのは、相当後世になってからのようだ。

あれほどの舞台がいつ、何のためにできたかわからない、といえば、誰もが不思議に思うだろう。この本の中で、今後も折に触れ何度も登場してくる事柄だが、ここでは短く一つだけ言い訳をしておこう。それは、清水寺は現在までの千二百年余の歴史の中で、全焼全壊規模で十回以上もの災厄に遭っているということだ。そのため、寺自身の古記録が残っていない。舞台付設の公式記録がないのである。

清少納言、紫式部の時代にはなかった舞台

清水寺はさまざまな分野の伝承や文学作品に登場している。古典文学の粋とされる紫式部の『源氏物語』や、清少納言の『枕草子』はじめ、平安時代（八世紀末～十二世紀末）の約四百年間に著わされた、数多くの文学作品を彩っている。

紫式部、清少納言らが活躍したのは、西暦でちょうど一〇〇〇年前後。『源氏物語』が一〇〇一年から一〇〇五年頃に起筆され、全五十四帖が成立した年代ははっきりしていない。『枕草子』は十世紀末から十一世紀初頭に成立したと見られる。

この中で注目は、『枕草子』。清少納言という人は、時の天皇一条帝の中宮定子《ていし》に仕えた女官だが、時々の風物や宮中でのさまざまな出来事、時代風俗、寺社への参詣の様子などを克明に観察し、随筆集『枕草子』に書き留めている。一種の記録マニア的な人である。

この『枕草子』は約三百章からなっている。その中で、なんと清水寺に関係する章が十ちかくある。清水寺の僧侶のこと、お参り風景、説法に感動したこと、観音縁日の賑わいなど、さまざまな角度から清水寺を取り上げている。

例えば、第三十一章の「説教の講師は」で、こんなことを言っている。「説教の講

師は顔よき。講師の顔をつとまもらへたるこそ、その説くことのたふとさを覚ゆれ。ひが目しつれば、ふと忘るゝに、にくげなるは罪や得らんと覚ゆ。（後略）」

説教する講師の僧は美男（上品な顔立ち）なのがよい、という。そのような美男の講師の顔をじっと見ていると、その説くところの尊さも伝わってくる、ともいっている。ところが僻目《ひがめ》（よそ見）をしていると、たった今聞いた法話ですら忘れてしまう。だから、よそ見をしたくなるような怖い顔の憎げな講師だと、折角の法話にも身が入らず、まさに罪作りだと思う、というのである。この美男の講師は、清水寺の学僧清範《しょうはん》という僧である。清範はその容姿が端麗なこと、説法の上手なことから、『今昔物語集』で「文殊の化身」とまでいわれている。

第二百三十九章の「さわがしきもの」の章では、こうもいう。「さわがしきもの。（中略）十八日に、清水にこもりあひたる。暗うなりて、まだ火もともさぬほどに、ほかより人の来あひたる。まいて、遠き所の人の國などより、家の主の、上りたるいとさわがし。（後略）」

騒がしいのは、観音縁日の十八日に清水寺に参籠した折に立て込んでいるとき。暗くなってまだ火も灯《とも》さないのに、他所から人が来たときも。ましてや、遠い地方などから家の主が国を出て上洛してきたときなども、そうだ、といっている。
清少納言の、周囲への観察眼が光る。

ひと言も触れられていない「清水の舞台」

さらに『枕草子』には、清水寺に宮中の公家、女房たちが参籠するときの様子が詳しく述べられている。第百十三章「正月に寺にこもりたるは」を、ちょっと長い引用になるので、古文（原文）を省略して現代文で紹介しよう。この章、『枕草子』の三百章の中でも、もっとも長い章となっている。

―お正月に寺に籠るとき、非常に寒く雪がちになることがありますが、それもまた風情があります。ただ、雪から雨に変わる空模様は、大変気分が悪いものです。
清水寺などにお詣りして、お籠りする部屋を用意してくれるのを待つ間、呉橋《くれはし》（階段のついた長廊下を持つそり橋をいう。清水寺では轟門《とどろきもん》の前の橋か）のたもとに車を引き寄せて駐めていると、若い法師たちが法衣も着ず、下着姿に帯を締めただけで足駄《あしだ》（下駄の類）を履き、境内の急なところを用心する様子もなく下りたり上ったりする際に、どうということもないようなお経を唱えたり、倶舎論《くしゃろん》の頌《じょう》（仏徳を讃え、教理を述べている詩偈《しげ》）などを誦しながら歩いている様は、場所が場所だけに面白い。私（清少納言）が上ろうとするときは、非常に危険な感じがして心配だったので、傍らに寄って欄干にしがみつくようにして上っているのに、僧たちは恐がる様子もなく、ただの板の間を歩くように行っているのも、ちょっと面白かった。

（法師が）「早くお局でお籠りなさい」というと、（供の者たちが）沓《くつ》などを持ち出してきて、参籠する者たちを車から降ろします。衣を上の方に引っ張り上げている人もいます。裳《も》（平安時代、女性が正装の際、袴《はかま》の上に腰の部分から下の後側だけにまとった、裾を長く引いた衣）や、唐衣《からぎぬ》（平安時代、宮中の女性が正装の際、表着の上に裳とともに着た衣服。錦や綾などの織物で袷《あわせ》として作った）などで、仰々しく装束した人もいます。深履《ふかぐつ》（皮製の長靴）、半靴《ほうか》（木製の短い靴）などを履いて、それを引きずりながら廊下を歩いて行く姿は、まるで内裏（宮中）のようで、これもまた面白いものです。

お屋敷の奥向きや表方にも出入りが許されている若い男たちや、一族の若者など大勢が次々に御堂内に入り、「その辺りには床が下がっているところがありますよ。そちらの方は高くなっていますなどと教えながら行っています。どういう人だろうか。身分ある方のすぐ傍らを歩いたり、追い越して先に行く者がいて、（従者が）「ちょっと待ちなさい。身分ある方のおられるところで、そのような振る舞いはしないものです」ととがめると、「なるほど」と少しはわきまえる者がいるかと思うと、まったく知らぬ顔で意に介さず、我勝ちに仏様の御前に行こうと、追い越して先に行こうとする者もいます。人が並んで座っているのに、その前を人もなげに通って入ったりするのは、なんともいやな気分にさせられます。しかし、犬防《いぬふせぎ》（低い格子状の衝立《ついたて》のことを言うが、仏堂の内陣と外陣の仕切りに使う）の内側、内陣を見たときの気持ちは、非常に尊く感じられます。なぜ、この数カ月間お詣りをしなかったのだろうかと、信仰心がわきあがります。

仏前のお灯明は、いつも灯されているお灯明ではなく、内陣にお詣りした人が奉献した灯明が、恐ろしいまでに赤々と燃えていて、御本尊がきらきらと輝いて見えるのは、大変に尊く思えます。僧たちがそれぞれの手に参詣者たちの願文を捧げ持って、礼盤（導師が上がって礼拝を行う高座）に上がり、体を前後左右に揺り動かして誓願するため、お堂の中を揺るがすような僧たちの誓願の声で溢れかえっており、何を言っているのかさっぱりわからず、自分の誓願も聞き分けることができないほどです。それでも僧たちが振り絞るように唱える声だけは、さすがに紛れることもなく聞くことができます。「千灯の御志は、誰それのため」等という声はわずかに聞き取れます。帯うち（掛け帯を背に回し後ろで結ぶ）して仏前に進み、御本尊を拝んでいると、法師の一人が「お傍《そば》にうかがいます」といいながら樒《しきみ》の枝を折り、持ってきてくれると、その香りが非常に尊く感じられて、心ひかれるものです。

犬防の方から法師が近づいてきて、「あなたの御祈願の筋は、御本尊様にちゃんと申し上げてあります。この度は何日間くらいお籠りになられますか。いまはあなたの他に、こうした方々がお籠りになっておられますよ」と言い置いて帰って行きます。そして、すぐに火桶や果実などを次々に運んできて、半挿《はんぞう》という水差しに手洗い用の水を入れて、盥《たらい》なども持ってきます。法師が「お供の方は、あちらの宿坊へ」などと呼びかけていきますから、替わるがわるに宿坊へと向かいます。誦経の鐘の音などを、「私のための誦経だわ」と聞くのも心強く思えるものです。

傍らにいた、様子の良い身分ありげな男が、非常に忍びやかに額ずいて祈っている立ち居振る舞いは、いかにもわきまえありそうに思えましたが、何やら思いつめた気色で、寝もやらず勤行している有様は、大変にしみじみとした感じがします。礼拝を休んでいるときでも、声高には聞こえないよう抑えた調子でお経を読んでいるのも尊げに見えます。何事を祈願しているのか、声を掛けて聞いてみたいのですが、鼻をかむ際でも音高にかまず忍びやかにかむのをみると、いったいどんな願いを掛けている人なのだろうかと思われ、その方の大願を成就させてあげたいと思ってしまいます。

数日の間、お籠りをしていますと昔は、昼間は少し長閑《のどか》にゆったりとしていたように感じられました。今は導師の宿坊に供の者や下女たち、子どもたちもみんなが行ってしまって、何もすることもなく手持ち無沙汰でいます。すると突然、傍らで法螺貝《ほらがい》を吹き鳴らし始めたのに、大変驚かされました。清らかな立文《たてぶみ》（奉書で縦に包み、上下を折ってある願文）を供の者に持たせた男が、誦経のお布施をそこに置き、お堂の童子らを呼ぶ声が、まるで山彦のように山々にこだまして美しく聞こえます。

誦経の際の鐘の音も一段と響き、「どの方が御祈願なさっている誦経だろうか」と思っていると、高貴な方のお名前が聞こえ、法師が「お産が安産でありますように」などと、いかにも霊験あらたかそうに御本尊に申し上げている様などは、他人事なのに何となく心ひかれて、「お産の結果はどうであろうか」と気がかりになって、つい自分も祈念してしまいます。

こういった状況は普段の日のことでしょう。正月などは参詣者も多く非常に騒がしいものです。立身出世などを望んで祈願する人がひっきりなしに詣るのを見ると、お勤めの作法さえ忘れてしまうほどです。

日が暮れた頃にお詣りするのは、これからお籠りになる人なのでしょう。小坊主たちが持って歩けそうもないほど背の高い屛風を上手に運び、畳を敷いたと見るやすぐに局の中に屛風を立て、犬防にさらさらと簾《すだれ》を打ちかけ、お籠りの場所を作る様子は非常に手慣れていて簡単そうです。ざわざわと衣ずれの音がして、たくさんの人が下りてこられます。その中から年配で分別のありそうな人が、まずまず品のありそうな声で周辺を気遣っているのは、そのまま帰る人でしょうか。「そのことが心配だ、火の始末をしなさい」などと言い合っている人もいます。七、八歳くらいと思える男の子が、可愛らしい声ではあるが、少し偉そうな口ぶりで家来の男たちを呼びつけ、物を言いつけている様も非常に面白い。三つくらいの乳飲み子が寝ぼけて咳き込んでいるのは、とても可愛い。その子が乳母や母の名を呼んでいるのを聞くと、どの人だろうかと知りたくなってしまいます。

夜になって一晩中、勤行する僧が大声で経を読み明かすため、寝入ることもできずにいると、後夜（一夜を初夜・中夜・後夜に三区分する。後夜は最後の部分で、夜半から早朝前までをいう）のお勤めも終わり、少し休んだ寝耳に、御本尊のお経を非常に荒々しくはあるものの尊げに読んでいる。でもそれほど格別に尊いというほどには聞こえません。修行者めいた法師が蓑をうち敷いて読経したりしていると驚いて目が覚め、しみじみと聞いてしまったりします。

また、身分あると思われる人が夜にお籠りせずに、青鈍色の指貫《さしぬき》（袴の一種で貴族の常着として用いられた。裾が絞れるように袴の裾に紐が刺し貫かれている）の綿入りのものや、白い着物を重ね着しています。その息子かと思える若い男がいかにも趣のある装束をし、自分の子どもなども連れて参詣し、家来らしき者たちがたくさんかしこまって周囲を取り囲んでいる様子も面白いものです。

一時的に屏風を立て、わずかな間に礼拝する人もいて、顔を知らない人だと誰だろうかと確かめてみたくなります。見知った人だと、「そうだ、あの人だわ」と思うのも興があります。

若い男たちは、ともすれば局の周りをうろついて、御本尊様を見奉ることもしない者もいます。別当などを呼び出して、ひそひそ話にふけり出て行く様子を見ると、身分の低い方とも思えないのですが。

二月の末、三月のはじめの花の盛りに参籠するのも趣があります。美しい男たちの参籠姿で、主人とも見える二、三人は桜（桜襲《さくらがさね》といい表は白、裏は赤）の襖《あお》（脇の開いた衣）や、柳（柳襲といい表は白、裏は青）の重ねなどの装束姿がとても立派です。括り上げた指貫の裾も、思いなしか艶やかに見えるものです。

そんな情景にふさわしいお供の者へ、意匠を凝らした餌袋を抱かせ、召し使っている小舎人の童らへも紅梅襲《こうばいがさね》や萌黄襲《もえぎがさね》の狩衣《かりぎぬ》など、さまざまな色の衣、摺り染め模様の袴などを着せています。花などを折って持たせ、侍めいた痩身の者などを供とし、お堂の前で金鼓を打って奉納する姿は非常に魅力的です。

参籠中の局から見て、「きっとあのお方だわ」と思われる人もいますが、あちら様は私どものことをどうして知り得ましょうか。気付かずに去って行かれるのは少々もの足りない気がして、「こちらの様子をお知らせしたいわ」などと感じるのもかえって興が湧きます。

こんなふうにして寺に籠ったり、普段は行かないようなところに行くのに、ただ召し使う者たちだけと一緒というのでは、折角の外出の甲斐がないように思われます。やはり同じくらいの身分の人で、気も合って、面白いことも憎げなことも、さまざまに話し合える人と、せめて最低一人か二人一緒に、もちろんできるだけたくさん誘い合いたいものです。召し使っている者の中にも、一緒して不足のない者もいるにはいますが、目馴れて新鮮味がないので、駄目なのでしょう。男の方の中には、そんなふうに思っているからでしょうか、気の合う同行者を誘おうと探し歩く方もいるとか。

清水参籠は男女出会いの場だった

長々と引用したが、『枕草子』第百十三章で清少納言は、清水寺の賑わいはもちろん、公家や女官、女房たちのお参りの実態をよく観察し、書き留めている。とくに面白いのは、寺への参詣、参籠が現代でいう「男女出会いの場所」だったことだろう。古代、祭の場が歌垣（うたがき、かがい、ともいう）という男女の出会いの場だったが、時代が下がって平安時代は、歌垣に替わって清水寺などへの参籠がその役目を果たしていた様子がわかる。

これだけ綿密な観察力を持つ清少納言が、ひと言も舞台については言及していない。彼女と同時代に活躍した紫式部も、『源氏物語』の中では「遠くに清水寺の賑わいを伝える灯が見える」程度でしか、清水寺そのものにはわずかにしか触れていない。紫式部は『紫式部日記』という日記を残しており、その中には清水寺への参籠の状況も語られている。が、もちろん舞台については何も語っていない。その前後に登場する平安文学、『更級日記』『落窪物語』等でも、清水寺への参詣、参籠の状況はさまざまに語られているが、舞台は登場しない。つまり平安時代中期である西暦一〇〇〇年前後には、まだ舞台は本堂に付設されていなかったと見て間違いないだろう。

蹴鞠《けまり》名人の青年公家が舞台欄干上を蹴鞠しながら往復

平安時代も末期になって、藤原成通という公家が登場する。この青年公家、とんでもないことをやらかして、それを得意げに自分の日記に書き残しているのだ。日記を『成通卿口伝日記』という。成通は一〇九七年に生まれ、没年は一一六〇年と見られる。父は権大納言、民部卿《みんぶのきょう》、中宮大夫を務めた藤原宗通（一〇七四〜一一二〇年）。その四男だった。この男、蹴鞠の名人といわれていた。後に正二位まで上り、侍従、大納言を務めている。

日記の中で彼は「こんなことをやった」と自慢しているのだ。

――故（民部）卿《きょうの》（藤原宗通のこと）殿《との》、清水に常に籠《こも》らせ給《たまひ》き。此頃《このごろ》の様に、そのかみ（昔）は人も参らず、つれづれなりしかば、（蹴）鞠を持《もた》せてめぐりあり（歩）くに、〈成通〉御前さまに参りて、「舞台の高欄を沓はきながら渡り見ん」と思ふ心つきて、（高欄に）よ（寄）りて見るに、「同《おなじく》ば此上にて（蹴）鞠を試みん」思ひなりて、沓をはきて、高欄の上を、ひんがし（東）より西へ、西より東へたちなをりて、東へやすらかに鞠を（蹴）あげて、二返渡りき。

まいり人四人、五人、常住の僧七、八人、我侍・雑色三、四人、是を見て、あさましげに（顔）色もなき程に、なかなかをく（臆）したりげにて見き。

それを、いかにしてか卿殿《きょうのとの》きかせ給《たまひ》たりけん。「さほどの事をば、いかでかする」とて、籠りもはてさせずして追出して、一月ばかりよ（寄）せられざりき。

観音知見せさせ給へ、踊りあがりて鞠を（蹴）あぐとも、落すべしとも覚へざりき。

つまり、参籠する父宗通について清水に来た成通が、退屈を紛らそうと、「舞台の高欄を沓をはいて渡ってみよう」と思ったが、「同じことならこの高欄の上で蹴鞠をしてみよう」と、高欄の上を東から西へ、西から東へと、二回も渡った。

お参り人が四～五人、常住の僧侶も七～八人、侍や雑色（雑事を務める下僕）ら三～四人がこれを見て、あきれ顔で色を失い恐ろしげに見ていた。

それを、どうしてか聞きつけた父の民部卿が、「そんな馬鹿なことをどうしてするのだ」と、成通を追い出して、一カ月ばかり近寄らせなかった。

多分、観音様もご覧になったことだろうが、躍り上がって鞠を蹴上げても、落としそうにもなかった。

というのである。この事件は多分、成通の十代後半のことだろうと思われるが、自分の日記『成通卿口伝日記』では、いささかも反省した様子はない。逆に自慢げに感じられるところが面白い。

この件、鎌倉時代の中頃、一二五四年に編纂された『古今著聞集《ここんちょもんじゅう》』という説話集にも取り上げられている。巻十一に、こうある。内容は、『成通卿口伝日記』のほぼそのままである。

「又、父（藤原宗通民部）卿に具して清水寺に籠られたりけむ時、舞台の高欄を沓をはきながら渡りつゝ、鞠をけ（蹴）むと思ふ心つきて、即チ西より東へ蹴リわたりけり。また立チ帰り西へか（帰）へられければ、見るもの目をおどろかし色を失ひけり。民部卿、聞キ給ヒて『さる事するものやはある』とて、籠リもはてさせで、追ヒ出して一月ばかりはよ（寄）せられざりけるとぞ」

説話集に取り上げられるほど、巷間の話題となった事件だったことが、これでもわかる。

平安時代後半に「清水の舞台」が登場したらしいことは、この『成通卿口伝日記』だけでなく、他の傍証からもわかる。『成通卿口伝日記』とほぼ同時代に編纂された『今昔《こんじやく》物語集』と、鎌倉時代初期、十三世紀初めに編集された『宇治拾遺《しゅうい》物語』、さらに鎌倉末期十四世紀前半に制作された『法然《ほうねん》上人行状絵図』（知恩院蔵。国宝）、室町時代初期（十四世紀前半）成立の『義経記《ぎけいき》』などからも、舞台の付設が平安時代後半だったろうことが推定される。

その『義経記』には、清水の舞台がこんなふうに登場する。

「義経」は源平合戦の源氏方ヒーロー。幼名「牛若丸」ということは誰もがご存じだろう。童話などで取り上げられる「牛若丸と弁慶」の出会いは、「五条の橋の上」となっている。しかし、『義経記』では違うのである。現在の地名でいえば、京都市下京区松原通西洞院に「五條天神社」がある。現在の松原通は旧五条通である。弁慶はこの五條天神社で刀狩りをしていた。その時まず、牛若丸と邂逅《かいこう》する。弁慶は牛若丸からあしらわれ取り逃がす。弁慶はこの童子が清水寺に参籠するらしいと知り、手ぐすね引いて待つうち、現れた牛若丸と清水の舞台で争った。童謡の「京の五条の橋の上……」で、欄干の上をヒラリヒラリと飛びまわり、弁慶を降参させ家来にしたのは、五条の橋ならぬ「清水の舞台の高欄の上」だったというのが『義経記』の語るところなのである。

後の章で取り上げる、戦国時代に描かれた『清水寺参詣曼荼羅』で、清水寺に伝来する絵図のほか、現存する『参詣曼荼羅』として、中島家本という民間に残るものがある。この中島家本は、清水寺のものより後に、清水寺の図を参考にして描かれたと思われるが、ここには五条橋（現在の松原橋の位置にあった）上で、牛若丸と弁慶が切

清水の舞台で牛若丸と弁慶が闘う『義経記』の挿絵

り結んでいる場面が描かれる、というおまけまでついている。

『今昔物語集』はこうだ。「清水寺に参詣した若い母親が、御堂の前の谷をのぞき込んでいて、抱いている赤子を取り落とします。彼女は必死に『観音様お助けください』と祈ると、赤子は積み重なった落ち葉の上に着地し、無事であった」

『宇治拾遺物語』では、「検非違使《けびいし》（平安時代の警察官）某《なにがし》の忠明が若いとき、清水の近くで（現代でいう）不良どもの京童たちと喧嘩となり、斬り合いとなったが、衆寡敵せず逃げ出し、清水寺本堂に逃げ込んだ。

追っかけられた忠明は窮余の一策、本堂の蔀《しとみ》（衝立の一種）を小脇に挟み、前の谷に向かって飛翔した。幸い風に吹かれて（グライダーのように）滑空し、谷底に安着し逃げ延びた」

平安時代末から鎌倉時代初めの人、浄土宗の開祖法然上人の事蹟を伝える『法然上人行状絵図』に、上人が日本で最初に「常行念仏」を清水寺で説いている絵がある。「清水寺説戒の段」というが、ここに描かれているのは、舞台と思われる場所で祈念し、説法している上人の姿である。実は清水寺で法然上人が「常行念仏」を説いたのは、現在の阿弥陀堂、もと瀧山寺といった場所であるとされるが、絵図では清水寺を象徴する一番の場所ということであろうか、本堂舞台がその場所として描かれている。法然上人が清水寺で「常行念仏」を説いたのは、平安時代も最末期の文治四年（一一八八）とされている。

これらの伝承からも、舞台は平安時代後半には、その姿を現していたと判断しても間違いはないのではなかろうか。

では、舞台造営の理由は何？

舞台登場が平安時代の中期以降、後半に入ってからであろうことは、ご理解いただけたと思う。それではなぜ舞台が付設されたのか。これは公式記録が焼失していると思われるため、はっきりとはわからない、といわざるを得ない。

そこで想像力を働かせてみよう。前章で、清少納言らが活躍した平安時代中頃、彼女の著わした『枕草子』を引用した。あれでおわかりだと思うが、当時の老若男女、身分の上下貴賤を問わず、清水寺には多くの人々が参詣参籠していた。「さわがしきもの」として観音縁日をあげ、地方から家の主などが出て来ていると表現していることからも、その賑わいぶりがわかる。

あの本堂の舞台を除いた部分で参詣者、参籠者に対応していたわけだが、そこが手狭となったのではなかろうか。本堂の拡張計画が持ち上がったであろうことは、間違いなかろう。ところが、清水寺本堂は拡張しようにも、その用地がない。本堂の背後は小高い丘陵になっており、そこには清水寺創建よりも古くから、この地、愛宕郡八坂郷の産土神であり、清水寺鎮守社ともなっている『地主神社《じしゆじんじや》』がある。地主神社を立ち退かせて、本堂拡張というのはできない相談だったのだろう。

そこで考えたのが、本堂前面、南側の崖に張り出すように広げることだったのではないだろうか。実は舞台が付設される以前から、本堂の拡張は少しずつ行われていたようだ。現在の清水寺本堂の西梁行《はりゆき》断面図をご覧いただこう。内々陣、内陣部分を正堂とし、礼堂、礼堂廊下、舞台などが南に延びていることがわかる。礼堂（外陣）や廻廊部分が、すでに平地からはみ出し、一部分が急峻とはいえない崖に懸造《かけづくり》となって、造られていることがわかる。

『清水寺縁起』を撰した藤原明衡は、この『縁起』の末尾近く、こう記している。「大同二年（八〇七）、亜相（大納言のことをいう。坂上田村麻呂公をさす）の宗室（正妻のこと）三善命婦、寝殿を壊して運びて仏堂を建立す」

草創期の仏堂は、多分にこの断面図に見る正堂部分くらいだったのではなかろうか。それが、清水寺本尊十一面千手観音への信仰の深まり、広がりとともに参詣者が増え、清少納言の『枕草子』にも記されたように、参籠する人も多くなった。さらには、その信仰の深まりによるものだろうか、自身の信仰の証《あかし》として、自らの特技である芸能などを、御本尊に奉納したいとする人々も多くなってきたようで、まさに〝舞台〟的な場の確保へのニーズも高まってきたその結果が、「清水の舞台」の誕生に結

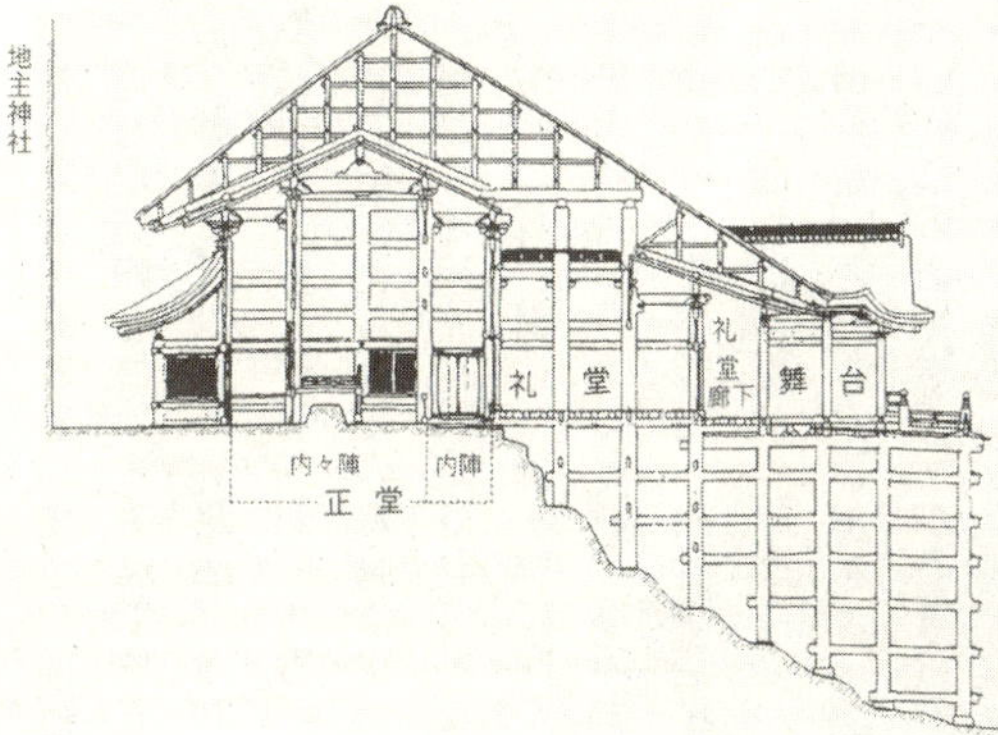

本堂西梁行《はりゆき》断面図

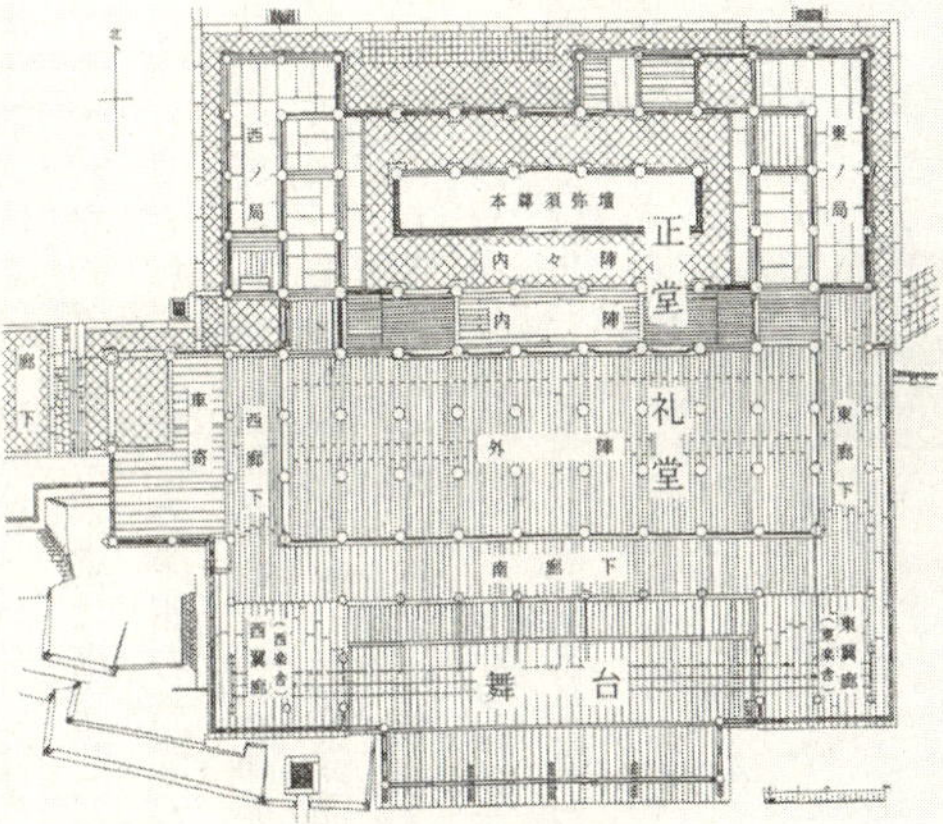

本堂平面図

びついたと思われる。

「舞台」といわれる。まさに前述のとおり、御本尊に向かい、御本尊へ自分の修得、上達した芸能を披露する場であり、文字どおりの舞台なのである。本堂は南面して建ち、御本尊は本堂の最北部、内々陣に祀られている。そして、舞台の南側の高欄の外側は谷の上に広がる空間である。演ずる者は北面して演ずる。見物されるのは御本尊と須弥壇《しゅみだん》に祀られている脇侍や二十八部衆などの諸仏、諸天なのである。一般参詣者が見物する座席は設定されていない。いささか不思議な舞台ともいえる。

清水の舞台構造、御本尊に向かって左側、つまり西側から東行して、参詣者は本堂中央の舞台の方へ向かい、参拝する。その動線を見てほしい。まるで能狂言の舞台、橋掛かりから本舞台へ演者が登場する姿そっくりといえないだろうか。この清水の舞台が、能狂言の舞台の原型になったという説を唱える人もいるほどだ。

「檜舞台」という言葉がある。「檜舞台を踏む」という、晴れの場所に登場することを言うこの言葉も、清水の舞台の檜板の上で、観音様に自身の芸を奉納することができることが、いかに大事な晴れがましいことであったかを示している。「檜舞台」の語源も、清水の舞台からという説もあるのである。

一九〇平方メートルの広さを持つ舞台、どんな構造になっているのか

清水の舞台が、なぜ、いつごろできたかについては、述べた。それでは次に清水の舞台の構造などについて記す。

あの舞台、テラス状になっている頂上面、舞台床は畳百畳敷き（約一九〇平方メートル）の広さ。正面一八メートル強、側面一〇メートル弱の床面の全面に、平均の長さ五・五メートル、幅三〇センチ～六〇センチの大きく部厚い木曾産、天竜産の檜板が敷き詰められている。このため、「檜舞台」という言葉の元になったのではないか、ということはすでに述べた。

この舞台、少し傾斜を持っている。奥の北側が高く、前面南側が低くなっている。舞台面は屋根がない。雨ざらしとなっている。それで雨が降った際、水がたまらないように工夫されている。前面にある欄干の下部は水が流れ落ちるように開けられているのである。

高さは土台石から一三メートル。後ほど詳しく触れるが、「清水の舞台から飛び降りる気持ちで」という諺《ことわざ》が納得できる高さである。

あの高さ、広さを支える秘密は？

二〇〇六年、スイスの映画監督ベルナルド・ウェーバーという方が財団を作り「新・世界の七不思議」を設定しよう、と世界中に呼びかけた。まず、八百以上あるとされる世界遺産の中から、各大陸ごとに絞り込み、最終候補を七の倍数二十一にした。清水寺舞台はその一つに残っていた。

それをインターネットを通じての投票などで「七不思議」を決定しようというのだった。残念ながら最後の七つには残らなかったが、木造建造物としては最終候補中の唯一のものだった。木造でありながら、あのスケールを持ち、自然との調和などに配慮したものであるとして評価されていた。

もう一つ評価されていたことがある。それはあの舞台を支える柱の構造の面白さだった。舞台を支える柱数は十八本。舞台だけでなく懸造部分を支えている柱数をあげると、西車寄せ下（丸柱小）三本、礼堂廊下の下（角柱）十二本、東西両楽舎下（角柱）十二本、東廊下の下（角柱）三本、そして礼堂下（丸柱）三十本となっている。全部で七十八本の大小の柱が懸造部分を支えているのだ。

釘を使わず楔《くさび》で締める特異な工法

舞台下の十八本は六本が三列に配置されている。もちろんもっとも太い柱が、あの舞台下に使われている。樹齢四百年以上の欅《けやき》である。周囲二メートル三〇センチ（直径七三センチ強）で、一番南側にあるもっとも長い柱は長さ約一二メートルである。その柱の礎石は花崗岩の丸切石。その柱は欅の厚板を貫《ぬき》として縦横に通してある。その貫は柱の両側から通し、柱の真ん中で噛みあわせを作り、組み合わせている。そして、貫を通した隙間に楔を打ち込んで締め付けている。

釘や鎹《かすがい》といった金属は使われていない。それでいて実に頑丈で、地震の揺れなどには、釘を使ったものよりはるかに耐久性があるという。金属を使うと錆《さび》などによる腐食が心配されるが、この工法は腐食にも強く、外面の貫穴上には雨除けの覆い板が取り付けられるといった腐食対策も採られている。

四百年後を考えて植樹対策

舞台を支える柱が、樹齢四百年を超す欅の木だということは、すでに述べた。欅という木は、日本列島の九州から東北青森まで、どこにでもある木である。建築用材としては非常に優れている。堅く丈夫であることから、清水の舞台だけでなく、寺社の柱として、多く使われている。

寺社の大工さんたちの言い伝えでは、「日本の檜、欅といった樹木は、切り出して柱などで使う場合、樹齢と同じ年数はまだ壮年期、そこから樹齢と同じ年数をかけて衰えていく。つまり樹齢四百年であれば、八百年くらいは持つ」というのである。

清水の舞台の柱は樹齢四百年以上。あの舞台の年齢は現在（平成二十四年）で約三百七十年。ということは、あと四百数十年はもつということになる。しかし、樹齢四百年を超し、しかもあの舞台の柱のように太くまっすぐなものは、現在ではとても手に入らない。

そこで現代の清水寺僧侶は考えた。「いま植樹して育てれば、ちょうど四百年後に間に合う」

平成十二年（二〇〇〇）は、折しも三十三年に一度の「清水寺御本尊御開帳」の時。世紀の変わり目ということもあって、御開帳期間を異例の十カ月という長期間にしたり、青龍会の創設、随求堂での「胎内めぐり」など、さまざまな特別行事を行った。同時に、特別事業として音羽山の山桜千本植樹と、京都府下数カ所に山を手当て

釘は一本も使わずに組まれている本堂舞台柱組み

し欅三千本と檜の植樹も行ったのである。檜は建築用材としてももちろんのこと、寺の建造物にとって欠かせない檜皮葺《ひわだぶき》屋根用の檜皮の確保である。

いまはまだ十年ちょっとしかたっていない。欅も檜もまだ幼木である。四百年後に清水の舞台を支える欅や、檜皮用の檜が無事育ってくれるのを祈るばかりである。

清水の舞台から飛び落ちる

「清水の舞台から飛び降りる」。何か思い切ったことをする時に使う諺《ことわざ》である。

岩波書店の辞書『広辞苑』では、わざわざ一項目を立て、「非常な決意をして物事をするときの気持の形容」と解説している。その他の辞書にも「切り立った崖の上にある京都清水寺の観音堂の舞台から、思い切って飛び降りるの意から、死んだつもりで思い切ったことをする、非常に重大な決意をすることをいう」とあったり、さらに「昔、病気を治したり吉凶を占ったり、恋を成就させるために、高い所から飛び降りる風習があった」ともいっている。「清水の観音堂」とは、清水寺本堂のことである。高さが土台礎石からでも約一三メートルだから、落ちれば死を覚悟しなければならない。

こうした諺にもなったこの行為だが、清水寺に残る記録では「飛び降りる」ではなく、「飛び落ちる」となっている。

前述したように、舞台ができたのは、十二世紀後半であろうとした。以後およそ八百年、実は「飛び落ち事件」は結構多くあったようだ。

初期は観音補陀落《ふだらく》浄土への往生を願って

舞台ができたと思われる平安時代末期は、末世末法の世といわれた。摂関の公家政治は行き詰まりを見せ、平家や源氏の武士団が勃興した時代。上は天皇家から藤原氏をはじめとする公家、さらに武士団の中にいたるまで骨肉相食む勢力争い、相続争いが繰り返されていた。圧政もあり、政治の空白もあり、世の中は乱れに乱れていた。

平安時代中頃から、浄土教の教えが普及し、また、法華経信仰が強烈に広がるにつれて、焼身や入水といった、いわゆる「不惜身命」の「捨身往生」が聖《ひじり》や上人の間で流行する。庶民も厭世気分に覆われていた。そんな時、「清水寺は観音様のお住まいといわれる補陀落山そのまま。補陀落浄土である」という思いが庶民の間に広がったようだ。補陀落山は風光絶美といわれる。清水の舞台から望む景色は、庶民にとってまさに補陀落山そのものと思えたのであろう。

そうした人々は、この末世末法の住みにくい世を儚《はかな》んで、あの世への逃避を考えた。その時、「観音補陀落の浄土、清水寺で往生しよう」として、舞台からの投身自殺があったといわれる。「といわれる」としたのは、清水寺は何度も火災などに遭ったため、この時代に関する寺自身の公式の記録がほとんどない。当時の公家や本寺興福寺の塔頭《たっちゅう》などが残した日記、文書などから推測する以外にないのである。「何年間に何件の」といった正確な数字はわからない。

飛び落ち動機は、観音様の大慈大悲を頼り祈願を込めてに変化

その後、時代の変遷とともに、飛び落ちの動機が変化していったようだ。観音様を頼り、その霊験を信じることには違いないが、現世利益を願う庶民の率直な信仰が動機となった。「霊験あらたかな清水観音の大慈大悲にすがり、命がけの祈願を込めて、まさに観音様に命を預けて飛び降りれば、命は助けられ願いはかなう」というのである。

時代は飛んで江戸時代、清水寺塔頭の成就院に克明な日記が残されている。

寛永の再建以来、本願職（全山の仏像・堂塔伽藍の造立や維持管理、財務）を担当してきた成就院の僧侶が、こうした職務柄もあってか、江戸時代中期元禄七年（一六九四）から幕末近くの元治元年（一八六四）までの百七十一年間分の、几帳面な日記を残した。『御日記』と表紙に記されているが、通常『成就院日記』といわれる。この日記の中に、詳細な飛び落ち記録が残っている。

百七十一年間に及ぶ膨大な古文書の日記の中から、「飛び落ち記録」分だけを拾い出し、分析しておられるのが故横山正幸学芸顧問である。横山学芸顧問は日記を克明に読み解き、『実録　「清水の舞台より飛び落ちる」——江戸時代の「清水寺成就院日記」を読む』を著わされた。

この実録によると、百七十一年間分の日記中、飛び落ちがあったのは百四十八年分。総計は二百三十五件の飛び落ちがあり、飛び落ちた人数はもちろん延べ二百三十五人だが、実際は二百三十四人だった。精神に異常をきたしていた娘一人が二回、飛び落ちを敢行しているのだ。

このような内容を含めて、横山学芸顧問の著わした『実録』の内容を紹介しよう。日記は元禄七年からだが、この年の飛び落ちは二件、同九年には六件、同十年一件、同十二年六件、同十三年一件、同十四年七件、同十五年四件が記録されている。そして、十五年二月四日の条にこのように記されている。

「近年、本堂舞台より飛び落ち申すもの多くこれあるにつき、門前町中が毎度迷惑つかまつり候ゆえ、舞台に矢切りなど（竹矢来などの飛び落ち防止柵）つかまつり、飛び申さず候ようにつかまつりたく、（京都町奉行所へ）度々願い申す」というのだ。飛び落ちの後始末は地頭の成就院と清水一丁目から四丁目までの門前四カ町の担当だった。前記のとおり、飛び落ちが頻発しており、それはどうも、この記録が始まった元禄期より以前からのようで、横山学芸顧問は「元禄期には既に諺にまでなっており、流行していたとみるべき」としている。

日記の内容を再現してみよう。

元禄九年正月二五日

一、今廿五日朝五ツ時分（午前八時ごろ）に富小路三条下ル町の者、年比十六、七、五兵衛と申す者、本堂東の舞台より飛び落ち申し候へども、なるほど達者におり申し候。様子相尋ね候へバ、「立願の儀にて、此の間、七日参り致し、只今飛び申し候」よし。つれ善六と申す者に手形いたさせ、当町四町目え取り置き申し候。則ち此の方より籠にて饋《おく》（送）り人ヲ付け遣わし候旨、（四町目）年寄文右衛門罷り届け来り候。

一、舞台飛び人五兵衛儀、親元の万屋太兵衛方へ相渡し、則ち請取り手形いたさせ、年寄文右衛門方へ取り置き候旨、相断り候。

五兵衛の飛び落ち動機は「立願」、何か願い事があり、「願」をかけ、その願をかなえることを観音様に祈って飛び落ちた。五兵衛だけでなく、飛び落ちる人々は、さまざまな願いをかなえるため、舞台から観音の加護を信じて飛んでいる。

飛び落ち者は男性が女性の二・五倍

奉公するお店の主人の病気平癒を祈って飛ぶ。自分の病気平癒もあれば、母の眼病を治したいと飛ぶ。奉公先が暇をくれないため、故郷に帰れず思う人と添えそうもない、何とか暇を取りたい、と飛ぶ。

「立願」の内容は、このようにいろいろであった。では飛び落ちた人たちの性別や世代別などを見てみよう。

まず性別では、性別不明者があり合計二百三十四人にはならないが、男性は百六十一人、女性は六十三人。男性の方が断然多く女性の二・五倍になっている。年齢もわかったものだけで男性最年少が十二歳で一人、最年長が八十歳一人となっている。女性は十五歳から七十歳となっている。

世代別にみると、二十歳代がもっとも多く、次いで十歳代、三十歳代、四十歳代、五十歳代、六十歳代、七十歳代、八十歳代となっている。特に二十歳代、十歳代で全体の四分の三近くになる。横山学芸顧問はこの傾向を「封建社会の矛盾に敏感に反応する世代が圧倒的多数を占めている」と分析している。

飛び落ちた人を地域別に見ると、やはり京都（洛中）の者が七〇％近くを占め断然トップ。これは、京都の人々の清水観音への信仰の深さを表していると見るべきだろう。だが、数は少なくとも、全国的に拡散分布している。東国や東北では奥州（福島県）、越後（新潟県）、西では安芸（広島県）、長門（山口県）、四国伊予（愛媛県）まで見られる。遠国からの人は就職奉公、留学修行、西国巡礼、商用などで京都に上り飛んでいる。

特筆すべきは、飛び落ちした「願人」は圧倒的に下男・下女といった奉公人や雇われ人が多く、武家や公家は一人もいないことだろう。僧尼も十五人いるが、いずれも身分の低い僧か老尼がほとんどである。ここから推測されるのは、舞台飛び落ちが、江戸時代の下層民衆の観音信仰からであった、ということであろう。

舞台飛び落ちを敢行する人は、清水の観音に願をかけ、七日参りなど連続して参詣し、結願の日に飛び落ちを実行するというのが普通だった。

飛び落ち流行のその訳は？

なぜに、このように飛び落ちが流行したのだろうか。ここでも横山学芸顧問の分析を引用させていただく。

「舞台飛び落ち」という命がけの思い切った行為は、それ自体非常にショッキングな事件であり、それが何件も連続して発生すれば、否応なく口コミでも全国各地に伝播していっただろう。それに加え、江戸時代に入り、西国三十三所観音霊場巡拝や、各地でも盛んになった三十三所巡拝、例えば坂東三十三所や秩父三十四所などのように、観音信仰が庶民の間で爆発的に盛行したことで、全国的にも観音信仰の頂点にある清水観音だけに、その観音堂（本堂）舞台からの飛び落ちは、瞬く間に全国に流布していったことと思われる。

さらに輪をかけたのが、飛び落ちの舞台化であった。人形浄瑠璃、歌舞伎などに登場し、いっそう全国的に宣伝されることになっていった。

まず寛文～元禄期（十七世紀後半）に江戸浄瑠璃で活躍した土佐少掾《しょうじょう》（橘正勝）

は、清水寺の青年僧清玄が、「清玄」という別人に恋い焦がれている桜姫に横恋慕し、破戒のすえ殺されるという浄瑠璃『一心《いっしん》二《に》河白道《がびゃくどう》』を上演した。それを大坂の近松門左衛門が歌舞伎用に脚色、同じ演目名『一心二河白道』として元禄十一年（一六九八）に京都四条大芝居（名代・都太夫座、座元・坂田藤十郎）で初演し人気を取った。この時の芝居上での舞台は、清水の舞台であった。

寛保三年（一七四三）に初演された『新薄雪物語』では、清水の舞台での花見で始まる薄雪姫と美男の左衛門の恋物語。寛政五年（一七九三）、江戸中村座での笠縫米富・曾根正吉合作による『遇《さいかい》曾我中村』では、桜姫が舞台から傘を開いて飛び降りる演出、いわゆる宙乗りが登場した。この宙乗りは浮世絵にも描かれた。俳句や川柳、狂歌にまで取り上げられ、諺の普及を助長しただけでなく、飛び落ち行為そのものを、いっそう誘発することとなった。

かくして、舞台飛び落ちは単に清水寺だけでのことではなく、日本中にその名を広げ、「清水の舞台から飛び降りる」の諺は人々の間にすっかり定着していった。

飛び落ち防止の竹矢来が舞台欄干の周りにめぐらされている

明治期、飛び落ちを時代錯誤の「陋習《ろうしゅう》」と断じて禁止となる

ご一新となって文明開化を謳《うた》う時代となると、飛び落ちは禁止されることとなった。もちろん江戸時代も、飛び落ち流行に業を煮やした寺側（成就院）や門前町関係者らが、京都町奉行所へ飛び落ち禁止令を布告するように願ったり、竹矢来《たけやらい》を組むよう申請したことはあった。あまり効果はなかったのだが。

現在の清水寺に、明治三十年頃のこんな写真が残されている。舞台の外側をぐるりと竹矢来が囲んでいるのだ。飛ぼうにも、竹矢来で飛び落ちることができないようにしているわけだ。明治五年（一八七二）、京都府は「旧来からの陋習（悪い習慣）である」として、飛び落ち禁止令を出した。このお触れを支持して、当時の新聞（現在の「京都新聞」）第三七号は、こんな記事を載せている。

「そもそも舞台飛びといふ事は、演劇者近松某なる者、劇場歌舞伎の戯作より愚夫愚婦に妄語《もうご》を伝へ、分外僥倖《ぎょうこう》の福を祈り、或は不正の淫媒《いんばい》を願ふて、或は飛落ちて死するもあり、又毀傷《きしょう》して身体不具に至るもあり。かかる文明新の今日に至り、この如き愚昧の多きは誠に口惜しことなり」

一般庶民を「愚夫愚婦」呼ばわりする〝官尊民卑〟丸出しの記事だが、明治初めの文明開化熱をよく表しているとともに、清水の飛び落ちが近松らによって広まった、との認識を表しているのも面白い。

いずれにせよ「飛び落ち」は、「清水観音に命がけの祈願をし、観音様に身命を預けて飛び下りると、命を助けられて願いがかなえられる」という思いのもと、「生まれ変わって新しい人生を生きることができる」という、庶民の率直且つ深甚な現世利益の信仰の形だったといえるだろう。

第二章 清水寺はなぜ何度も焼けたのか

天災、戦災、人災……、さまざまな災難がふりかかる

清水寺は、創建を宝亀九年（七七八）とすることは、第一章で述べた。創建といっても、当初は開基の行叡居士が住まった草庵に、観音像を霊木に刻み祀った程度だから、堂塔伽藍があったわけではない。その後、田村麻呂公夫妻が、自邸を仮仏殿として寄進し、やっと建物らしい建物が建ち、平安時代に入り、寺容寺観がととのっていくことになる。

およそ八百年間で十回ほどの大火に遭遇

それにしても、一応の創建以来、平成の現代までの歴史は、千二百年余を数えることになる。前章でも少し触れたが、その間、多くの災厄に遭っている。寛永六年（一六二九）九月十日（旧暦）の大火災を最後に現在までは、幸いなことに火災などの災難から逃れているが、およそ八百年間で本堂など主要な堂塔伽藍が、焼失したり倒壊したことが十回ほどもある。明治初頭の神仏分離、廃仏《はいぶつ》毀釈《きしゃく》、上知令により、多くの塔頭寺院が廃絶した災厄は別である。

まず、火災などの原因が、はっきりしているものからあげてみよう。

天災と思えるものからいこう。

天災だから、原因は地震や落雷である。『日本紀略』の貞元元年（九七六）六月十八日の条に「山城近江に大地震。清水寺堂宇に被害」とあるのを皮切りに、建永二年（一二〇七）七月十九日には「大風により廻廊顚《てん》（転）倒《とう》」（『猪隈関白記』）、正和六年（文保元年＝一三一七年）一月五日は「地震による火災で塔・鐘楼・愛染王堂・食堂・本願堂・西廻廊等焼亡」（『花園天皇宸記』、『続史愚抄』）、応永十三年（一四〇六）九月十二日は「塔に落雷。塔・西門・田村将軍堂・愛染堂炎上」（『荒暦』、『教言卿記《のりときき》』、『東寺王代記』、『武家年代記』）、天文元年（一五三二）六月二十八日は「夜落雷で瀧之廊、瀧之前腰懸所・順礼堂が破滅する」（『言継卿記《ときつぐきょうき》』）、慶長元年（一五九六）七月十七日は「地震により廻廊谷へ転倒する」（『文禄大地震記』）とある。

「南都北嶺の争い」で、清水寺は城塞化《じょうさいか》も

それでは次に兵火によるものを。

こうした被害の最初に現れる記録は、俗に言う「南都北嶺の争い」だ。「南都北嶺の争い」とは、南都仏教と新興の平安仏教、とくに天台宗比叡山（北嶺）延暦寺との

紛争である。

延暦十三年（七九四）の平安遷都以来、南都仏教は朝廷との関係が疎遠となるのではないかと危機感を募らせていた。一方、平安時代に入って、中国唐から新しい仏教、伝教大師最澄の天台宗、弘法大師空海の真言宗が伝えられる。とくに、天台宗は比叡山に延暦寺を創建し、都の東北、鬼門守護に位置したこともあって、その朝廷への影響力は大なるものがあった。

南都仏教では華厳宗の東大寺や法相宗の興福寺が僧兵を養い、何かと不満を言い立てては朝廷への強訴《ごうそ》を繰り返していた。後には南都仏教勢力を代表して、興福寺が春日社のご神木をかついで、平安京に押し寄せるといった事態もしばしば起きた。もちろん、北嶺比叡山も僧兵を多く抱えて、日吉神社のご神木を持ち出し、領地争いなどで強訴するのは当たり前だった。仏教界の旧勢力である南都仏教と、平安の都で勢力を誇る北嶺、天台宗比叡山延暦寺とはまったく相容れない存在として、衝突を重ねていた。

その頃の清水寺は法相宗の寺であり、興福寺の末寺だった。いわば、南都仏教の京における〝出先機関〟的な存在であった。また、隣接する祇園社とは領地をめぐって争いがあり、祇園社が比叡山の傘下にあったことから当然、北嶺側からは睨《にら》まれた。

このため、平安時代から鎌倉時代初期にかけて、前後三回ほども北嶺の僧兵らがなだれ込んで、清水寺を焼いたり壊したりしている。記録にはこうある。

天永四年（一一一三）四月十四日、「延暦寺の僧徒、清水寺の坂房舎を破壊し燃やす」（『中右記』、『殿暦』）。永万元年（一一六五）八月九日、「延暦寺の僧徒清水寺を襲い、堂塔房舎など焼亡」（『園太暦』、『百練抄』）。治承三年（一一七九）五月十四日、「清水寺僧侶と祇園社大衆との争いで、八坂塔とその付近類焼。同時に清水寺内の夜《や》叉神《しやじん》房舎が焼亡」（『玉葉』、『山槐記』）。

とくに、天永四年の抗争の際は、『天台座主記』によると、破壊された清水寺の坊舎は、なんと「百余坊」を数えたと伝える。この頃の清水寺はよほど多くの坊舎が存在し、たくさんの僧侶がいたであろうことがわかる。同時に延暦寺側の破壊のすさまじさも伝わってくる。

清水寺に隣接する北の祇園社、南の清閑寺、この清水寺を挟んだ二つの社寺は、いずれも延暦寺に属していた。このため、とくに境内地の境界争いが長く続き、全焼とか全壊とはいかないまでも、清水寺は何度か被害を受けている。

清閑寺との紛争では、一時期、清水寺を城塞《じょうさい》化したことまであったという。建暦三年（一二一三）八月、清閑寺との境界を巡って大規模な衝突となりかけ、清閑寺の本寺である延暦寺が乗り出し、双方で死者が出るほどとなった。この時、清水寺は自衛のために寺を要塞化した。歌人藤原定家の日記『明月記』の八月三日の条にこうある。

――山僧少々入祇園鏁其門、議焼清水云々、戎服、清水又自日来城守云々（後略）

比叡山の僧兵たちが祇園社に集まり、清水寺焼き討ちを相談、戦の恰好をしていた。それに対し、清水側でも城を守ろうとした、というのである。

さらにこうも書かれている。

――清水寺構城、山僧集会長楽寺（中略）被破清水之城郭制止武備（後略）

『明月記』のこうした記述からすると、山僧（比叡山の僧兵）が祇園社に集まり、清水寺を焼き討ちしようとし、さらに長楽寺に山僧たちが集まり、清水寺側もそれに対抗しようと城郭を造って備えたことがわかる。この時は朝廷が乗り出し、全面衝突を避けるため、双方を説得した。清水寺側はその説得を受け入れたが、延暦寺側は受け入れを拒否。そのため朝廷側は在京の武士たちを動員し、長楽寺を囲んで延暦寺側と対峙。その後、この武士団と延暦寺側は合戦を繰り広げたらしく、『仲資王記《なかすけおうき》』（平安後期〜鎌倉前期の公家、仲資王の日記）の同日の条には、ちょっとすさまじい記録がある。「悪僧卅余人斬首、生取又五十許云々」とあるから、比叡山の〝悪僧〟三十余人が斬首され、生け捕りにされた者も五十人ばかりあったというのだ。

清水寺側も無傷では済まず、検非違使が派遣され、僧たちが籠もっていた城を破却したとも記されている。

この「清水之城」が、どのような構造を持っていたかはわからない。ただ、堀が掘られていたらしい、ということぐらいである。もちろん、この城が近世の天守閣を持つ白亜の城ということではない。しかし、「城」とか「城郭」というからには、堀のほかにも柵なども設けられた、それなりの防御機能を備えたものであったろうことは、わざわざ検非違使が出張って破却したことからも察せられる。

多分に、そのままにしておくことが、延暦寺側を刺激することになり、南都興福寺の前線基地を放置することともなって、南都北嶺のさらなる大規模な衝突を引き起こしかねないと考えられたからであろう。

清水寺が瞬間的だが比叡山の末寺に

この騒ぎは、清水寺の物理的な被害だけでなく、まったく変な事態を呼び起こしたことにも触れておこう。それは、こんな事件だった。

建保二年（一二一四）十月二十一日のことだった。再び『明月記』から引用する。

——今日、清水寺法師廿人許登山、可為天台末寺之由所望、衆徒槌鐘、議此事云々、天狗之所存歟《か》、

あろうことか、清水寺の僧二十人ほどが比叡山に登り、清水寺を比叡山に寄進し、天台の末寺となろうとしたのである。「議此事」とあるから、こうした清水寺の僧たちの申し出を、比叡山側は論議したことであろうが、南都興福寺の京都における勢力

を割《さ》くことができるとあって、比叡山側は棚ボタの申し出だったに違いない。ただ世人は、この清水寺の僧二十人のこうした所行を、まったく予想していなかったであろうことは、「天狗之所存歟《か》」（天狗がやったことであろうか）といって不思議がっていることからもわかる。

事の結末はこうなった。

延暦寺の僧たちが、新たに末寺となった清水寺に入ると、残っていた清水寺の僧たちは、仏像を持って南都に逃げた。もともとの本寺、興福寺も黙っているわけがない。興福寺の大衆は春日社の神木を奉じ、上洛の構えを見せ、十一月十五日には宇治まで押し寄せた。

今度こそは南都と北嶺との間で、本格的な武力衝突は避けられないかに見えた。宣《せん》旨《じ》（天皇の命を伝える文書）が下された。翌十六日のことである。「清水寺をもとのごとく興福寺末とする」という内容であった（『仁和寺日次記』による）。

同時に延暦寺の時の座主公円《こうえん》は座主の座を追われ、律師、法橋、已講、僧都各一人を配流するという決定が下された。おかげで、二十日にはやっと興福寺側は奈良へ帰って、何とか事態は未然に防がれた。

もちろん清水寺も無傷というわけにはいかなかった。多分、清水寺を延暦寺の末寺に、と画策したと思われる僧が、土佐の国へ配流されている。

つまり、喧嘩両成敗的な処理が行われ、何とか事態を収めているのである。南都北嶺の争いが都で勃発すれば、大変なことになる。朝廷はそれだけは避けたかったのだろうことが、理解できる。

この時期、清水寺は百人を超す僧がいたと思われ、その僧たちの間で深刻な対立があったであろうことも推測される事件であった。

この事件を境に、事態は沈静化していった。

鎌倉時代に入っても仁治三年（一二四二）九月に、祇園宗徒との間で土地の境界をめぐってもめることがあった。建長八年（一二五六）にも同じようなことがおきた。しかし、この頃になると、かつての南都興福寺と北嶺比叡山延暦寺が武力衝突したような事態を招くところまではいかなかった。

平安時代後期から鎌倉時代中期にかけては、南都北嶺ともに大衆活動がもっとも活発な時期だったため、両勢力の接点に位置し、興福寺の末寺である清水寺は、南都仏教の出先機関的存在として、いやおうなく紛争に巻き込まれたのは、前述のとおりだ。さすがに、鎌倉時代後期から南北朝時代に入っていくと、さしもの大衆勢力の勢いも鈍化し、武力衝突をおこすほどの力がなくなっていたことが、清水寺に安定期をもたらしたのであろう。

最大の災厄、応仁文明の乱で全焼

次の戦乱による災禍は、清水寺千二百年余の歴史の中で、最大のものであった。「応仁文明の乱」である。応仁の乱、文明年間にも続いたため、応仁文明の乱とも呼ばれる。京の都を焼け野原にした内乱だということは、いまさら言うまでもなかろう。応仁元年（一四六七）に起き、文明九年（一四七七）まで東軍、西軍の両軍勢が足掛け十一年も、京の都を戦場として争った。

もともとは、室町幕府の管領職を預かる畠山・斯波両家の相続問題に端を発し、さらに足利将軍家の相続問題までからんで、幕府の有力諸大名たちが東軍と西軍に分かれて争った。余談だが、この時に西軍総大将山名《やまな》宗全《そうぜん》が陣を敷いた地域が、今に残る織物の名産地「西陣」である。なぜか、「東陣」の名は残っていない。

保元平治の乱もそうだったが、この応仁文明の乱も、一族が骨肉相食む争いだった。応仁文明の乱で京の町は焼け野原になったと前述した。「汝《なれ》や知る都は野辺の夕ひばり揚《あが》るを見ても落つる涙は」という歌をご存じだろう。『応仁記』に載せられている。焼け野原の状況は、こうも言われる。

――当時の洛中に相当する範囲で、ほとんどの大寺院はその伽藍を焼失している。現在、この範囲では応仁以前の古い建築物は残っていない。洛外を含めてみても、鎌倉前期のものである大報恩寺本堂（俗にいう千本釈迦堂＝国宝）と、同じく鎌倉前期の妙法院蓮華王院本堂（俗にいう三十三間堂＝国宝）だけである。古い建造物が数多く残っているといわれる京都だが、実はこれが真相なのである。

清水寺もこの災難を逃れることはできなかった。戦乱が始まった応仁元年、二年は何とか無事に切り抜けることができた。ところが、次の年、大乱が三年目に入った文明元年（一四六九）の七月十日、東軍によって炎上してしまう。

当時、清水坂のふもと付近には、西軍に属する一群が陣取り、ゲリラ活動で東軍を悩ませていた。これに業を煮やした東軍の総大将細川勝元《ほそかわかつもと》が焼き討ちをかけ、放火に及んだものらしい。

この状況を当時、清水寺が末寺であった興福寺の塔頭《たっちゅう》大乗院の僧尋尊《じんそん》が『大乗院寺社雑事記』にこう記している。

――一昨日十日清水本尊、大塔以下并《ならび》に六道（珍皇寺）、建仁寺　各《おのおの》　悉《ことごと》く以《もつ》て焼亡すと云々。東御陣の手放火と云々。珍事、時刻到来

同じく大乗院の僧であった経覚は、自分の日記『経覚私要鈔』に、こんなふうに書きとめている。

――尋尊僧正の噂話では、清水寺が去る十一日に炎上したそうだ。（中略）寺院の多くが焼けてしまうのは、仏教滅亡の兆しというべきか。悲しむべきことだ。東軍の仕業だという。

この応仁文明の乱で、焼け落ちてしまった清水寺の復興は、願阿弥《がんあみ》という時宗（時衆）の僧によって成されるが、このことは後述する。

失火などでも、しばしば焼亡

避雷針、火災報知器、ドレンチャー……、火災防止のためのさまざまな施設が登場したのは近現代、というよりも、本当に最近のことである。

清水寺が寺容を整えた平安時代初めからでも、約千二百年である。清水寺の歴史の中でさまざまな火災に見舞われている。これまで、天災、人災について述べた。現代のように火災防止のためのさまざまな施設、設備があったならば、この件数はずいぶん減ったことであろう。

失火についても、そうだ。火災報知器のような近代的な防火施設があれば防げたであろう火災が、清水寺の中では多々あった。避雷針があれば防げた落雷火災、火災報知器がいち早く知らせてくれれば、初期消火で大事に至らなかったであろう蠟燭《ろうそく》や油の灯明による失火なども、清水寺の火災の歴史の中では数多くあった。

一番最近の火災、といっても約三百七十年前の成就院からの火災もそうだ。

寛永六年（一六二九）九月十日、成就院を火元に大火災が発生した。仁王門、鐘楼、馬駐《うまとどめ》、子安塔、春日社を残して、他の堂塔伽藍はすべて焼失した。

出火時刻は巳の刻（午前十時頃説＝『孝亮宿禰日次記』『資勝卿記』）と午の刻（正午頃

＝『時慶卿記』）があるが、いずれにせよ、午前中後半から正午という白昼の火事だった。火は折からの風にあおられて大火となった。

それにしても、応仁文明の乱で全焼した清水寺を復興するに、もっとも功績のあった成就院が火元で、再び清水寺が焼けたというのは、いささか皮肉な感じがする。

現在の清水寺は、「清水の舞台」を持つ本堂が国宝、その他に仁王門や三重塔など十五の国指定の重要文化財建造物を持つ。この十六の主要建造物の中で十一もの堂塔伽藍が焼けてしまったのである。つまり、千二百年余の歴史を持つ清水寺だが、もっとも古い堂塔で五百年余、他は三百七十年余の年を経たものなのである。この寛永の火災以来、幸いにも清水寺は火難を免れて、今日に至っている。

清水寺復興に力を尽くした人々。願阿弥《がんあみ》、徳川家光《いえみつ》、東福門院《とうふくもんいん》

こうした災厄に度々襲われた清水寺だが、その度ごとに寺自身の努力ももちろんだが、人々の広く篤い観音信仰に支えられ、その災厄以前とほぼ同じように復活するという歴史を持っている。

そんな中で、清水寺復興に特筆されるべき活躍をした人々を紹介しておこう。まず

は、応仁文明の乱で全焼した清水寺復活の立役者、願阿上人《がんあしょうにん》を。

願阿上人と上人号を付けて呼ぶが、元々は願阿弥と呼ばれる。「阿弥号」で判るとおり時宗の僧である。時宗は遊行宗《ゆぎょうしゅう》ともいわれる。浄土教の一派である。浄土宗の開祖法然上人の孫弟子に当たる一遍《いっぺん》が開いた。踊り念仏ともいい、遊行、つまり諸方を巡り歩きながら、それも念仏を称え感極まって踊りながら布教して歩く一派であった。

この時宗の徒たちは、この時代、一大ボランティアグループを形成していた。とくに願阿弥は、そのグループのリーダーだった。願阿弥たちがどんな事業を繰り広げたか、そして清水寺復活をどのように成し遂げたかを紹介する。

この時期、室町時代中期という時代は、戦乱だけでなく大飢饉に襲われるなど、世の中が乱れに乱れた時代でもあった。

臨済宗の大寺相国寺の塔頭鹿苑院に、蔭涼軒《いんりょうけん》という一室があった。当時この室の主、蔭涼軒主は季瓊真蘂《きけいしんずい》といい、五山禅院を管轄し人事を司《つかさど》って権勢を誇っていた。この禅僧が『蔭涼軒日録』という日記を書き残しているが、この中にしばしば願阿弥の事蹟が登場する。嘉吉元年（一四四一）五月二十二日の条には、こんな内容が記されている。

「今年は大凶作の年であり、世上には乞食となって流亡する者が多い。それで願阿弥に命じて、勧進（募金活動）をさせ、流民や乞食たちに食料を施すことにしたいと、将軍に進言した。将軍は奉行人の飯尾為数に指示して、願阿弥に勧進するようにお命じになった」

これを見ると願阿弥は、こうしたボランティア事業で大きな評価を得ていたということがわかる。勧進聖として名の知られた存在だったのである。彼はボランティア活動だけでなく、朝廷の綸旨《りんじ》を伝達する役まで務めている。

彼は、長谷寺の本尊である秘仏の観世音菩薩が開帳される件について、勅許の綸旨を、朝廷の代官として伝達しているのである。

戦乱に加えて大飢饉、疫病の大流行。屍《しかばね》で埋まる鴨川原

かと思うと、彼は洪水で流失した五条大橋の再建にも、大きな役割を果たしている。雲泉太極《うんせんたいぎょく》という禅僧の日記、『碧山日録《へきざんにちろく》』によると、こう記されている。

―五条大橋が流失して、もう長くなる。往来する人々は非常に難儀している。願阿弥が信仰厚い人々から喜捨を募り、復興のため大規模な工事をした。夏の洪水の時期になっても、橋は流されることはないように頑丈に作られていた。都の人々は大いに褒め称えた。

この他にも願阿弥は、勧進活動で百貫文を集めて、南禅寺の仏殿築造のために寄付もしている。

寛正元年（一四六〇）、京の都だけでなく、全国的に大飢饉が襲った。前にも登場してもらったが、奈良興福寺大乗院の僧尋尊が翌二年五月に、こんなふうに書きとめている。

―去年は諸国でひどい旱魃《かんばつ》があった。河内や紀伊、越中、越前などの国々は戦乱で、その地方からの難民が都（京都）に流入した。流民たちは都に来ても、食べ物にはありつけず、ほとんどすべての流民たちは餓死してしまった。

前述の雲泉太極という禅僧は東福寺塔頭霊隠軒に住み、そこの一部屋の一隅を「碧山住処」と名づけ、自分の日記を『碧山日録』とした。寛正二年二月晦日（旧暦三十日）、彼は当時暮らしていた宇治から、所用で京都に出てきて、そのときの感想を記している。大飢饉の惨状に驚いているのだ。

—所用があり都（京都）に出かけた。四条大橋から鴨川の上流を見ると、川は数え切れない死体で埋まり、まるで大石がごろごろ転がりひしめいているようだった。屍《しかばね》が川の流れをふさいでしまっていた。その腐臭はひどく、とても鼻をあけてはいられないほどである。橋上を往来する人々も、こうした状況に悲嘆し落涙するほかなかった。ある人が言うのでは、正月と二月との二カ月間だけの死者が、何と八万二千人に上ったという。私（太極）が「どうしてそれが判るのですか」と聞くと、その人はこういいました。「洛北の奇特な僧が、木片で卒塔婆を作り、死骸の上に一本ずつ置いていったところ、用意した八万四千本の木が、二千本だけ余ったそうです」といっていいました。

八万四千引く二千、答えは八万二千。これだけの人がわずか二カ月間で死んでいる。南都の僧もこんな報告を寄せている。
「京都では乞食流民が町のいたるところで野垂れ死にすること、無数といっていいほどです。朝から晩まで間断なく死人が出るので、埋葬しようにも手が回らないということです。それで、北は一条の通りから南は九条まで、西は朱雀から東は京極まで、東西南北、京の町中に死人が満ち溢れています」というのである。すさまじいというほかない。いかに大飢饉が悲惨な状況を生み出していたか、如実に物語っている。
さらに疫病が追い討ちを掛けた。先に登場してもらった雲泉太極の日記を再び見てみよう。三月二十四日の条には、こんなことが述べられている。

—ここ数日雨が降らない。農民は種まきができない。将軍は諸寺社に雨乞いの祈禱をするよう命じた。このおかげか、麦はようやく熟し、飢饉もやや収束したかに見えたが、今度は疫病が流行りだした。死者は無数である。

ついには「死《し》屍《し》爛《らん》壊《え》の臭、触《ふ》るべからず」という惨状をしめしていた。

願阿弥は当時最高の勧進聖

こんな時、願阿弥に室町殿（足利義政《あしかがよしまさ》）のお墨付きが下りる。彼はまさに八面六臂、ありとあらゆる方面へ働きかけて募金活動に取り掛かった。ただちに自分の弟子や時宗の勧進仲間たちを動員し、四方八方に派遣して勧進を呼びかけた。願阿弥に勧進活動を依頼した義政自身も百貫文を寄付、願阿弥の奉加帳に時の公武の要人たちも、義政に見習って寄付したのはもちろん、彼《か》の有名な勧進僧願阿弥が乗り出したとあって、一般庶民も寄付に協力したようだ。

願阿弥はこの寄付で何をしたか。彼は難民収容所ともいうべき小屋を作った。また、例の記録魔、太極に登場してもらおう。

—願阿弥は六角堂（頂法寺＝京都市中京区烏丸通六角）の南側の街路に、難民のための草葺きの収容所十数軒をつくった。

この収容所の規模は、東洞院通から烏丸通まで、一町（約一〇九メートル）の長さがあったという。願阿弥はここに、教団の僧侶に命じて、歩けない者は担架に乗せて収容し、粥を与えた。その数は多すぎて数え切れないほどだったという。彼らは毎日のように出る死者を、鴨川岸や油小路の空き地に集め、塚を拵《こしら》え葬ってもいる。

そうした慈善活動に挺身した願阿弥だが、いよいよ清水寺復興に立ち上がる。文明元年（一四六九）、応仁文明の乱といわれる大乱三年目に、清水寺が全山焼け落ちたことは前述した。次に、願阿弥がなぜ清水寺復興に関係したのか、それを探ってみよう。

室町期の〝マザー・テレサ〟こそ願阿弥

中世史家で唯一人といっていいと思われる、願阿弥の事蹟を研究している今谷《いまたに》明《あきら》氏の著書に『中世奇人列伝』があり、この中に願阿弥のことを「室町のマザー・テレサ願阿弥」という章を立てている。これまで私が縷々《るる》述べてきたことも、今谷氏の研究結果を大いに活用させてもらっている。この中で今谷氏は、願阿弥が清水寺復興に携わった動機について述べている。この説には、私も大いに納得させられる部分があるので、それを紹介しておこう。

今谷氏は応仁文明の乱で焦土と化した京の町で、伽藍が焼失した社寺は清水寺だけではなかったのになぜ、願阿弥が数ある被災社寺のうち、清水寺を勧進活動の本拠に選んだのか、その理由をこう分析している。

清水寺の本尊十一面千手観音に対する信仰と、門前の清水坂の特異性にあるとする。平安時代中期から隆盛となる「観音信仰」。清水寺は上下貴賤を問わず、観音霊場として人々の尊崇を集めるようになる。観音の大慈大悲は広大無辺で、あらゆる人間の苦悩を救うと信じられ、そのため底辺の人々、吹き溜まりの人々を受け入れ、そうした人たちはやがて清水門前の「坂」周辺にたむろするようになった。

清水坂周辺は、地理的にも奈良に通じ、洛中は目前、東海道にも近いという、いわば交通の要衝にあり、すでに平安中期から運輸業者である車借が住まい、こうした仕事のおこぼれに預かる乞食、非人たちが集まっていた。中世、こうした非人たちの定義として、「刑余の者」「卑賤視された者」のほか、乞食やハンセン病の者たちを含んでいたと見られる。これらは応仁文明の乱で全焼した清水寺が復興した後、戦国時代に描かれ、清水寺の布教用に使われた『清水寺参詣曼荼羅』図でもうかがわれる。

彼らの生計は、大半を参詣人からの施し物や「乞食《こつじき》」することだったが、清水寺の伽藍炎上で参詣人が途絶えると、これら清水坂の住民たちにとっては大打撃であったと見られる。願阿弥は、寛正の大飢饉のあと、清水坂に居住する人たちの救済を志し、本拠を清水寺に移し、さらに清水寺の堂塔伽藍が消え、参詣人が途絶えた後の坂の住民たちの生活の惨状を目の当たりにして、「伽藍を再興し、清水への信仰を回復することこそ先決である」と考えるようになったとする。

今谷氏は、願阿弥が時宗の徒でありながら、清水寺の復興を目指して力を尽くすようになった動機を、そう分析する。願阿弥の宗派を超えた救済活動、慈善活動のそれまでの軌跡を見ると、非常に頷ける説だと思う。

復興の第一歩は梵鐘の鋳造。鳴り響く激励の鐘

願阿弥が清水寺復興の勧進活動を本格化する前、焼けた清水寺はどうなっていたのだろうか。応仁文明の乱が終わったのは、文明九年（一四七七）十一月に、西軍に加担していた諸大名が、洛中から陣を引き払った時とされる。

前に登場した大乗院尋尊が、この直後の十二月に残した日記に、清水寺の動静を伝えている。

―清水寺が、去る四日に五条東洞院の仮堂から、東山の元の場所に戻ることになった。仏堂などを元のように建てるために、勧進して資金を募るという。

文明元年に炎上した後、清水寺は洛中の五条東洞院の小庵に移り、運び出した御本

尊を祀っていたらしい。このころから、願阿弥が清水寺復興の勧進活動に取り組む姿が浮かび上がる。

現在の清水寺に宝蔵殿というところがある。貴重な仏像など文化財を収蔵している。そこに先年、引退して安置されている梵鐘がある。国の重要文化財に指定されている。これこそ、願阿弥が勧進し、鋳造した梵鐘である。梵鐘銘文の中にはっきりと「大勧進願阿上人敬白」の文字がある。現在、清水寺鐘楼にかけられている梵鐘は、平成二十一年（二〇〇九）に、願阿弥の梵鐘が加齢からひびが入ることを恐れ、清水寺門前会の人々が寄進してくれたものである。

この願阿弥の梵鐘鋳造については、当時の公家、壬生晴富が自身の日記『晴富宿禰記』の文明十年（一四七八）四月十六日の条に詳しく記している。

――今日清水寺の鐘鋳なり。内裏の西辺に当り、仮屋を構へこれを鋳る。十穀坊主本願なり。

十穀坊主とは、「十穀（米・麦・黍・粟・豆など十種類の穀物）断ち」のような断食修行をした僧侶のことをいい、願阿弥のことである。本願とはこの場合、「本願主」のことをいい、本来は「造寺、造仏や写経など功徳となる事業の発起人」のことである。願阿弥の指導の下、内裏の西側（土御門室町付近＝現在の烏丸通今出川の南西付近）の空き地に鋳造工房を設け、梵鐘を鋳た。この鐘が完成し、清水寺に運び込むときの様子も晴富卿は、こんなふうに詳しく記している。四月二十日の条を見てみよう。

―四月十六日に鋳造し終えた鐘が、今日清水寺へ移送された。鐘の運搬には洛中の人々が協力し、台車に乗せて引いた。あまりの鐘の重さ（約六百十三貫＝約二・三トン）に、台車の車輪が幾度も割れたそうだ。台車の上の鐘の周りには、出し物が飾られ、猿が桙《ほこ》を振り回して賑わいに花を添えた。見物の衆が多数集まり、黒山の人だかりだった。

町衆たちが、「やれ引け、それ引け」とお祭り騒ぎで、今日の街中を鐘を運ぶさまが目に浮かぶ。それにしても現代的な地理感覚でいえば、御所の西側から洛中を通り、多分五条通（現在の松原通）で鴨川を渡って東に向かい、法観寺五重塔（八坂塔）の下から二年坂、三年坂（産寧坂）を経て清水寺まで運ぶのは大事業であったろう。

平成の現在の、清水寺住職森清範貫主《かんす》は、この願阿弥の梵鐘の響きが、焼け野原となった京の空に響き渡って平和を訴え、復興に向かう人々を、力づけたに違いないという。確かに梵鐘の力強く澄んだ音は、疲弊した人々にとっては、大いなる励ましになっただろう。

勧進作業で東奔西走。功認められ上人号を

さて、鐘は完成した。問題は本堂をはじめとする堂塔伽藍の再建である。伝説的な勧進聖願阿弥に対する人々の期待は高まっていた。何度も焼けたため、古文書がそれほど多く残っていない清水寺に残る、貴重な古文書の一つに、願阿弥がしたためた勧進帳がある。鐘の鋳造から一年後の文明十一年三月、その冒頭に「勧進沙門某敬白」で始まるその勧進帳は「特に十方の檀那《だんな》の御助成を蒙《こうむ》り」と続く。彼、願阿弥はこの勧進帳を持って諸国を巡った。

もう一つの、その時期の古文書がある。「成就院文書」として残る奉加帳である。この奉加帳によると、願阿弥の旅は、北は北陸、東は尾張、西や南は山陰、周防、そして九州薩摩にまで及んでいる。彼はまず近江を経て北国の越前、加賀に向かっている。特に越前の一乗谷を本拠とする守護大名朝倉氏から、莫大な寄進を受ける。この後、尾張、伊勢に向かい、さらに京を過ぎて丹波、播磨に向かう。この後も山陰出雲の守護代尼子《あまご》経久《つねひさ》一族からも多額の寄進を受ける。さらに周防を経て九州に渡り、薩

摩にまで足を延ばしている。

当時すでに、相当高齢であったと思われる願阿弥の奮闘で、集まった寄金は材木で三百二十六本分、銭六千五百三十五貫文であった。なんとこのうち朝倉氏からの寄付は過半以上の三千八百貫文だった。おかげで、文明十四年（一四八二）八月には本堂が建築着工され、間もなく立柱上棟されている。

ここに面白い記録がある。その頃の天皇、後土御門天皇の側近に甘露寺親長という公家がいた。彼の日記、『親長卿記』にこんな記述がある。

—願阿弥が尽力した清水寺の造営は、まことに神妙なことであるので、勅旨を賜りたい旨奏聞した。勅許があった。

さらに翌々日には、こうも記している。

—今日願阿上人来る。

天皇が願阿弥の功績を認め、徳の高い高僧の称号「上人」号を許しているのである。以後、彼は「願阿上人」と呼ばれることになる。

願阿上人は寺家再興の大功労者として、後に清水寺本坊となる成就院（本願院）に一室を与えられ、ここに暮らした。本堂落成の二年後の文明十八年（一四八六）四月末、彼は発病し、五月十三日には病勢が進行し亡くなっている。波乱に満ちた生涯であった。

願阿上人の後継者は、弟子の宣阿《せんあ》だった。三年後の延徳元年（一四八九）十二月に幕府から、「清水寺七堂」の「造功」を「勧進沙門宣阿」に命じたという記録がある。宣阿が願阿上人の後継者であったことを示している。

奉加帳の筆頭に日野富子《ひのとみこ》の名

余談になるが、ここで願阿上人の勧進活動の成果を記した『清水寺再興奉加帳』を見ていただこう。

この奉加帳に記されている寄進者名は、大口の寄進者である。室町幕府有力者や大名など延べ百四十九人もの名と、その寄進金額（柱本数）が記録されている。その真っ先に書かれている名前が面白い。なんと、室町幕府八代将軍足利義政の妻日野富子が「大功徳主富子」としてある。以下、大口寄進者の名前を。

清水寺再興奉加帳

柱

六本　百二十貫　大功徳主富子
妙心院殿
唯称院殿
逆修花渓慈春
後法身院殿
三界萬霊
五本　百貫　伊勢守平朝臣貞宗

さらに五本、一本などの寄進者名が続いている。富子の後に続く名前は、よくわからない名前が並ぶ。だが、これらはいずれも富子周辺の人間であり、幕府の要人なのである。妙心院というのは日野政光、唯称院は日野勝光、逆修花渓慈春は日野苗子と、いずれも富子の係累、一族である。後法身院は三宝院義覚、伊勢守平朝臣貞宗は幕府の要人である。願阿弥が寄進者の的をどのあたりに絞って、奉加を募ったかがうかがわれる。

それにしても、清水寺全焼は応仁文明の乱のとばっちりである。その乱の原因者の一人である日野富子の名が、清水寺復興のための寄進者を記す奉加帳の筆頭にあるのは、面白いというか。何と言えばいいのだろう。

この百四十九人にも及ぶ名前が連なる奉加帳には、さまざまな人々の名がある。中でも目を引くのは、「朝倉氏」一族が、一族挙げてといっていいほど寄進を寄せているのである。別表二つをご覧いただきたい。朝倉氏は室町時代中期から戦国時代にかけて、越前（福井県）一乗谷を本拠とした守護大名だが、その系図と寄進した一族の名、寄進額をみると眼を見張らざるを得ない。朝倉一族だけで二千八百八十貫もの寄進を行っている。

国別に見ると、朝倉氏の一族を挙げての寄進だけでなく、越前からの寄進者が三十人を超えており、越前の人々が清水寺へ篤い信仰を寄せていたことがわかる。越前以外にも近江、伊勢、出雲、丹波などからの寄進が多く、その他遠く周防、筑前からも多い。なぜか東国からは少なく、美濃や駿河、遠江からはわずかに一名ずつの寄進しかない。

ただ、この奉加帳が全寄進者の名を記録していたわけではないようだ。それは願阿弥が勧進のため日向、大隅、薩摩などを訪れた記録（『島津家文書』）が残っているにもかかわらず、そこで勧進に応じたであろう人々の名は記録されていない。この奉加帳で見る限り、願阿弥の勧進活動は西国中心で、東国は美濃、駿河、遠江くらいである。実は願阿弥の出身地については、越中説と筑前説があるが、この勧進活動の状況を見ると、筑前説が有力かと思わされる。

寛永火事の復興立役者は家光とその妹東福門院

願阿弥の命を賭けた勧進活動で復興を果たした清水寺であった。ところが応仁文明の全焼から、約百六十年後の寛永六年（一六二九）、またもや大きな災厄が清水寺を襲う。前述したが成就院を火元とする失火であった。現在、国宝（「清水の舞台」のある本堂）と十五の国の重要文化財を持つ清水寺だが、これらのほとんどは寛永の火事で焼け、復興された堂塔伽藍であることはすでに述べた。この火災で、応仁文明の乱で全焼し、再建された清水寺の建造物で、残ったのは仁王門と子安塔、馬駐、鐘楼、春日社だけだったこともすでに触れた。

その焼け落ちた堂塔を復活してくれたのは、徳川幕府三代将軍家光であった。だ

朝倉氏略系図

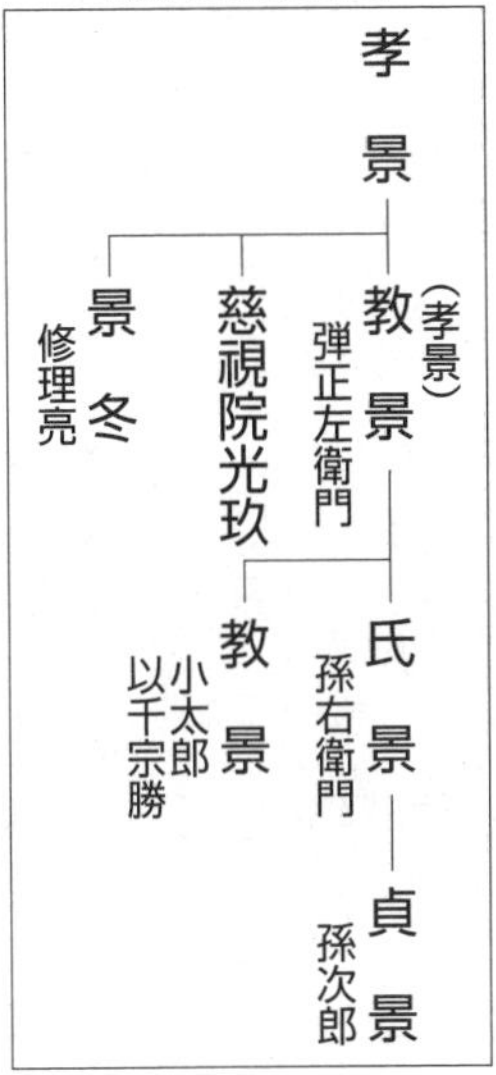

奉加帳に記録された朝倉家の人々

氏　　名	柱本数	寄進額
朝倉弾正左衛門尉孝景＊	25本	500貫
朝倉孫右衛門尉氏景＊	50本	1000貫
慈視院光玖＊	5本	100貫
朝倉修理亮景冬＊	5本	100貫
朝倉新蔵人景忠	1本	20貫
朝倉蔵人長縁	1本	20貫
朝倉小太郎教景＊	6本	120貫
朝倉兵庫助景亮	1本	20貫
朝倉孫次郎貞景＊	50本	1000貫

（注1）朝倉姓を明記するものに限った。（注2）＊は、系図にその名が見える人物。

が、その家光の陰で、本当の立役者と思えるのは、家光の妹である東福門院という方である。東福門院、実は幕府と対立する朝廷、時の天皇である後水尾帝の中宮である。中宮というのは、天皇のお后の一人。当時、朝廷と徳川幕府の関係は、とても「よい状態」とは言いかねた。東福門院も政略結婚により入内した。

東福門院は二代将軍徳川秀忠《ひでただ》の娘。家光の妹である。和子といった（和子は「かずこ」とも「まさこ」とも）。当初、彼女は徳川幕府（秀忠）が、無理やり天皇家へ送り込んだといわれた。朝廷側、公家連中の反発は激しかったといわれる。しかし、彼女は中宮として後水尾帝の后となってからは、幕府寄りというよりは、逆に帝の意に添う行動が多く、朝廷と幕府の間を取り持ったといわれる。

清水寺からそれほど離れていない、現在の地名で言えば、京都市東山区七条通三十三間堂東下ル（三十三間堂の東側）に、養源院という寺がある。和子が入内する時に和子の母、秀忠夫人の崇源院（淀君を長姉とする浅井《あざい》三姉妹の一人江《ごう》）が、外祖父浅井長政《ながまさ》につながる人々の供養のために再興した寺である。和子はこの養源院を大事にした。不思議なことに、幕府の方針にことごとくと言っていいほど対抗意識を持ち、反抗していた後水尾天皇は、幕府から送り込まれた和子を寵愛した。和子もこうした天皇の信頼に応じて、よく仕えたという。こうして、彼女は京の朝廷にいて、公（朝廷）武（幕府）の融和に努めていた。

しかし、融和に向かうかと見えた公武の間に、激震の走る事件が起きた。家光の乳母であった春日局が、朝廷側の反対を押し切って無理矢理に参内し、後水尾天皇に拝《はい》謁《えつ》、しかも天盃を賜るという行動に出た。このことから天皇は突然退位、女一宮に譲位したのである。後水尾帝には男子の跡継ぎがなかった。和子との間に娘があった。それが女一宮、興子内親王である。奈良時代の称徳天皇以来、およそ八百五十年ぶりの女帝、明正天皇の誕生であった。なお、この時から、中宮和子は皇太后宮となり、東福門院の称号をもった。

寛永六年（一六二九）とはそんな年で、にわかに公武の間が緊張した時期でもあった。そうした公武の緊張関係が高まっていた九月十日巳の刻、清水寺が炎上したのである。成就院が火元であったことはすでに述べた。

こうした時、幕府は公武の親和について、清水寺の復興を考えたと見られる。清水寺の京都での存在を考えた時に、清水寺という単なる一寺院への帰依とか保護とか言うより、江戸幕府が京都への、ある意味〝和睦〟姿勢の表明だったのではなかろうか。

明正天皇の即位から約半年後の寛永八年（一六三一）二月二日に、将軍家光により「去りし寛永六年火災にかかりし京清水寺を再建すべき」（『徳川実紀』）という命令が出されており、彼の沙汰として同月二十二日に、清水寺復興の事始めが執り行われている。

朝廷もすぐさま応じている。それも何と東福門院の外祖父、故浅井長政への権中納言職の追贈である。浅井長政といえば、織田信長に反旗を翻《ひるがえ》して滅ぼされた北近江の戦国大名である。長政とその妻お市の方との間に生まれた、東福門院の母「江」ら三姉妹が波乱の人生を歩まねばならなかったことはよく知られている。ましてや浅井家を滅亡させるのに、徳川幕府初代将軍家康も一役買っているのだ。しかし、寛永九年（一六三二）九月に、その長政に対し、贈権中納言への宣下《せんげ》が行われた。口宣案《くぜんあん》にこうある。「台徳院太政大臣秀忠室者、備前守長政女、征夷大将軍家光母也」と書き出されているのだ。

こうして見ると、清水寺の復興こそが、公武協調のシンボルであり、その陰には東福門院の力が強力に作用していたと見て、間違いないといえるのではなかろうか。いまひとつ東福門院がいかに清水寺への信仰篤かったかという傍証がある。それは寛永の大火の火元である成就院も、他の堂塔伽藍の復興より六年ほど遅れたとはいえ、寛永十六年（一六三九）に東福門院の寄進で再建されているのである。

国宝・重要文化財・名勝リスト

国宝

本堂　本宇　東西北もこし・正面両翼廊・庇《ひさし》・西面翼廊つき

（附）厨子三基　（明治30・昭和27年指定）

重要文化財

馬駐《うまとどめ》（昭和27年指定）

仁王門、鐘楼、西門　正面向拝・背面軒唐破風つき、三重塔、経堂、田村堂　（附）厨子一基、朝倉堂　（附）厨子一基、轟門《とどろきもん》、北総門　潜つき、鎮守堂《ちんじゅどう》（春日社）、釈迦堂、阿弥陀堂、奥の院　（附）厨子三基、子安塔《こやすのとう》　（以上、昭和41年指定）

渡海船額四面　（末吉船《すえよしぶね》三　角倉船《すみのくらぶね》一）（明治40年指定）

板絵（絵馬）長谷川久蔵筆　朝比奈草摺曳図《あさひなくさずりびき》　（昭和60年指定）

木造　十一面観音立像《りゅうぞう》　平安中期作（明治36年指定）

木造　毘沙門天立像　同　上（明治37年指定）

木造　大日如来坐像　平安末期作（昭和50年指定）

木造　伝観音菩薩立像　鎌倉初期作（昭和51年指定）

木造　伝勢至菩薩立像　同　上（　〃　）

木造　三面千手観音坐像　鎌倉初期作（平成15年指定）

鉄鰐口　嘉禎2年（1236）銘　（昭和32年指定）

梵鐘　文明10年（1478）銘　（昭和53年指定）

名勝

成就院庭園　（昭和18年指定）

第四章
潰れかけた清水寺

清水寺千二百年余の歴史の中で天災、人災、戦災など、さまざまな危難、苦難に遭遇してきた。しかし、いずれも老若男女、上下貴賤を問わない人々の、御本尊十一面千手観音への信仰の力でそれを乗り越えてきた。

明治初めの暴令、神仏分離令

ところが今からおよそ百五十年前、明治の初めにさらに大きな危機が襲った。明治元年（一八六八）三月に明治政府が発令した「神仏分離令（神仏判然令）」である。

この暴令が施行された期間は、明治五年（一八七二）三月までのおよそ四年間だったが、この短い期間に吹き荒れた廃仏毀釈《はいぶつきしゃく》運動、この法に従属する形で行われた上知《じょうち》（寺の保有する土地、領地を国有化）が仏教界、寺に大打撃を与えた。清水寺もこの暴風を真っ向から受けた。

神仏分離とは？　明治政府はなぜこの暴令を

「神と仏を分ける」というこの法令は、日本独特の宗教形態が前提にある。日本は仏教が伝来してから約千五百年経つが、伝来後、百数十年経つと日本固有の神祇《じんぎ》信仰と仏教とが混然一体となり、いわゆる神仏習合という宗教状況となった。聖武天皇の頃には、その理論的背景ともいうべき「本地垂迹《ほんじすいじゃく》」といった説も立てられた。

さまざまな日本古来の神々は、仏や菩薩が人々を救うために姿を借りて現れている、つまり神の本地は仏で、仏が人々を救うために神として垂迹した、というのが、この「本地垂迹」説である。「権現《ごんげん》」という名を持った仏がある。徳川家康のことを「東照大権現」という、あれである。「権」は仮の、という意、「現」は現れるという意。神は本地の仏が権（仮に）垂迹した化身であるというところから、神に「権現号」を付けるようになったのである。「八幡大菩薩」というように、「八幡神」に菩薩号を付けることも行われるようになった。

以来、日本の宗教界は神仏習合という姿を当たり前としてきた。ところが、江戸時代後期に平田篤胤《あつたね》を中心に、尊皇復古をとなえる国学が盛んになる。復古に付随して攘夷運動も激しくなっていく。尊皇討幕、攘夷復古運動の思想的なバックボーンはこの国学だった。結果、尊皇討幕が成功し、一八六八年明治維新を迎える。すると神道国教化政策が頭をもたげた。神祇官（後に神祇省。一八七二年に廃止）なる部局を設け、太政官布告、神祇事務局達などで「神仏分離令（神仏判然令）」を布告したのである。

仏教も外来思想。日本古来の伝統を壊すと〝攘夷〟の対象に

この背景となった「復古」が曲者だった。平田篤胤はこう考えた。「日本の根幹は仏教伝来によって破壊され、歪《ゆが》められた」というのだ。「仏教という異国の宗教が神道を穢《けが》し、日本人の霊性をも穢し歪めた」、「神仏習合によって穢された神道を、仏教伝来以前の姿に戻さなければならない」とした。幕末、折からの黒船出没など外国船舶が日本を脅《おびや》かしていた。

この外国勢力を打ち払え、とする攘夷運動が「仏教すらも異国（夷）からのもの」とする国学によって、廃仏毀釈運動へと波及していった。

この運動、猛烈を極めた。清水寺の本寺、奈良の法相宗大本山興福寺に至っては、有名な五重塔を除く主要な堂塔伽藍は、ことごとく取り壊された。僧侶はすべて還俗させられ、春日大社の下働きをさせられたという話もあるほどだ。貴重な仏像が風呂の薪《たきぎ》とされたという話も伝わっている。

現在の興福寺の僧の話では、堂塔伽藍は入札で払い下げを受けた者が、勝手に処理

したという。その際、五重塔の九輪や水煙、灯籠など附属金属類に眼をつけ、落札した男が、まともに解体するのでは落札価格は割に合わないと、塔に火をかけ、残る金属類だけを回収しようとした。驚いた奈良の町の人々が「火をかけるなどとは」と落札価格を拠金し、五重塔は残ることになった、という。

清水寺も大被害。境内面積は削減され、塔頭《たっちゅう》も激減

清水寺も例外ではなかった。この暴令による大被害を、もろに被《かぶ》った。『清水寺史』によると、江戸時代を通じて幕末までは、二十いくつかの塔頭があった清水寺だったが、現在は八つしかない。

同時に行われた上知が、決定的な打撃だった。上知は土地を取り上げること。清水寺もさまざまな寄進、寄付から幕末までは、洛中などに領地を保有していた。そこから上がる年貢などの上納が、寺の経済を支えてきた。それを根底からくつがえされては、寺の経営は成り立たない。

上知は二度にわたって行われた。まず第一回目の上知で、かつて十七万坪からあった境内地は、十五万坪強となった。追い討ちをかけた第二回目の上知で、さらに減ら

された。一気に一万三千四百坪強になった。十五万坪に対し一万三千坪、なんと九％にまで激減したのである（後に、明治末近くなって、上知された土地の払い下げ願いが実現し、旧境内地の約二三％に当たる三万六千坪弱まで回復した）。

本来、檀家を持たない清水寺は、参詣者の寄進と祈禱寺院としての収入、公家などの朝廷関係者の後援、領地からの年貢などで成り立っていたのに、公家は東京へ移り、さらに参詣者の寄進はともかく、収入の大半を占めていた年貢収入などの部分が、完全に断たれたのである。

塔頭はばたばたと倒れた。前述のとおり、二十からあった塔頭は八つにまで激減した。清水寺は東山三十六峰という東山連山の第二十九番目の音羽山西面中腹にある。上知以前はこの音羽山西面はすべて清水寺境内地だったが、上の方の三分の一は国有化されたのだ。門前の土産物屋さんの連なる参道にも、いくつもの塔頭が点在していたが、いま残るのは来迎院経書堂《きょうかくどう》と真福寺大日堂だけである。

もちろん、二十からあった塔頭が、神仏分離令、廃仏毀釈運動、上知といった動きの中で、一度に八つまでになったわけではない。徐々に減っていったのである。一山護持のために売却されたり、運営に行き詰まって廃院のやむなきに至ったりしていっ

江戸時代清水寺院庵所在地図

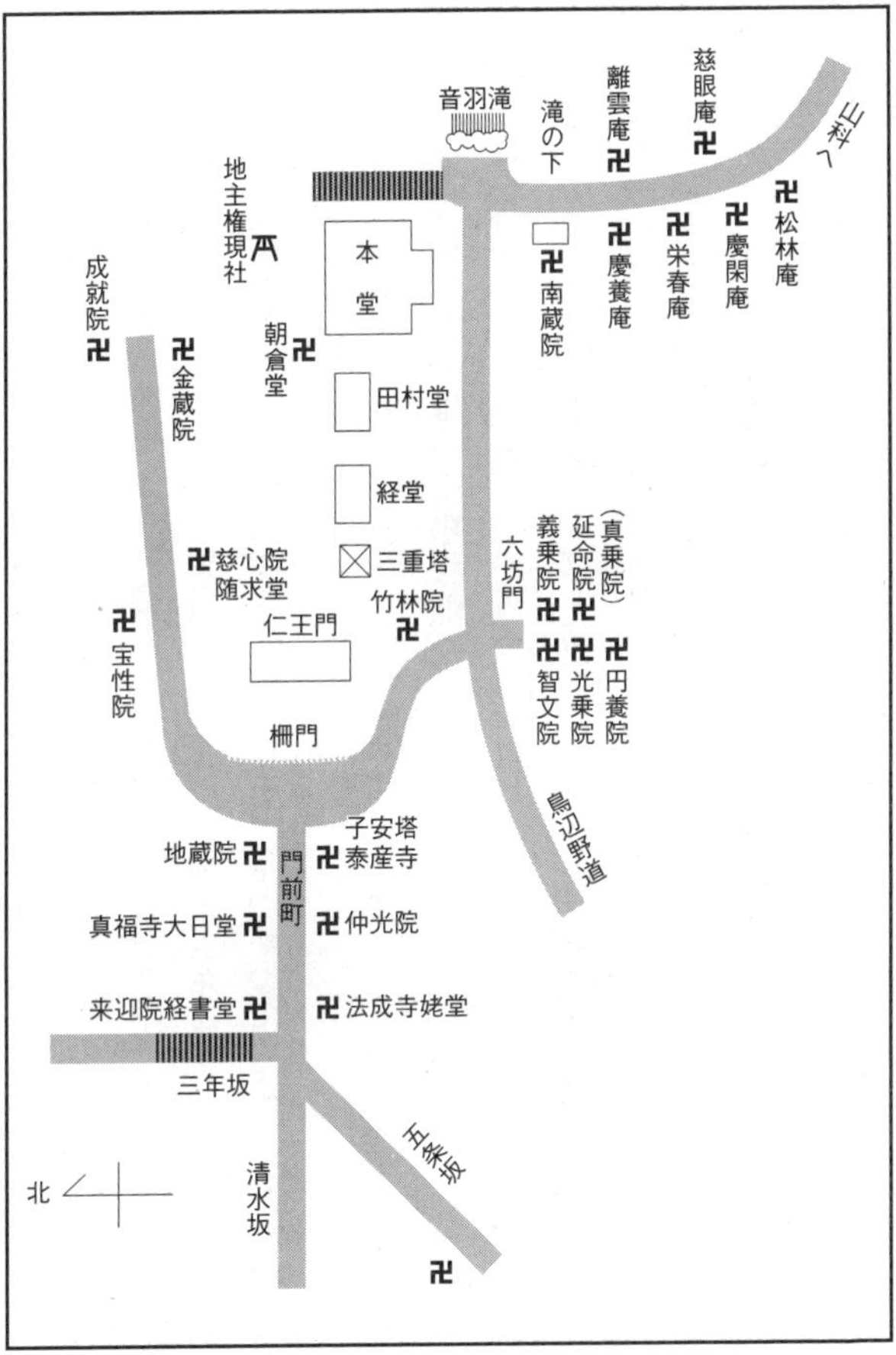

た。

平成二十三年（二〇一一）六月、長年懸案だった『清水寺史』の第四巻図録編が刊行された。第一巻通史編（上）が発行されたのが平成七年（一九九五）、第二巻通史編（下）は同九年（一九九七）、そして史料編の第三巻が同十二年（二〇〇〇）だったから、三巻目から四巻目、最終巻図録編の発行には十一年かかっている。それだけ史料収集や考証に時間がかかったようだ。

境内再編で実現したのは子安塔移転だけ

この図録編を見ると、図録とうたってあるだけに、ビジュアルにまとめられ、面白い絵図や写真がふんだんに集められている。その中で、明治初頭の神仏分離令、それに伴う廃仏毀釈運動で、揺れ動かされた清水寺の姿を見ることができる。

こんな絵図がある。「京都府行政文書の内　京都府庁文書『寺院境内外地』（明治三十八年度）」という。重要文化財に指定されており、紙本で彩色されている。これは明治時代後期、上知で取り上げられた土地を返還、払い下げしてほしいと、清水寺が官に願い出た際に、作成し提出したもの。払い下げ後の堂宇の再配置構想を示している。

この図によると、門前にあった子安塔を移転させるのをはじめ、阿弥陀堂や朝倉堂、経堂などの堂宇を、潰れてなくなった塔頭の跡地、特に南苑部分に移転させるという計画だったことがわかる。この計画で実現したのは、明治末年（一九一一）に門前の泰産寺子安塔を、錦雲渓を挟んだ南の台地に動かしたことだけだった。実は、門前の子安塔の跡地に地主神社を移転することになっていた。これらの移転計画が実現していれば、境内の様相は現在とはまったく違っていたはずだ。

清水寺でも諸仏、諸天、諸神が受難の時

荒れ果てる清水寺。仏像が風呂の薪となったという興福寺の話は前述したが、清水寺でも似たような話が伝わっている。廃寺、廃院となった塔頭の御本尊や諸仏、諸天、諸神のお像が、境内に散乱していたという。またも余談だが、一時期はこうした仏像や法具の類は収蔵しておく場所がなく、経堂が収蔵庫代わりに使われていた。昭和五十九年（一九八四）に大講堂が建てられた。そこに宝蔵殿が付設され、新しい蔵も建設されて以来は、そうしたお像などはほとんどがこの二つに収蔵され、安住の地

を得ることができた。

ひとつ、面白いといっては失礼かもしれないが、こんな話もある。

平成十五年（二〇〇三）に奥の院御本尊が二百四十三年ぶりに御開帳された。きっかけは平成十二年（二〇〇〇）、三十三年に一度の本堂御本尊が御開帳された際、清水寺仏像をお世話してくださっていた、昭和平成の大仏師といわれた故西村公朝《にしむらこうちょう》先生（天台宗僧侶、清水寺信徒総代、東京藝術大学名誉教授）が、「奥の院の御本尊はずいぶん長い間、誰もお世話していなかったようだ。心配だから一度きちんと確かめよう」といわれ、お厨子を開いた。すると、真言密教の曼荼羅図には描かれているが、立体像としては日本国内には他にないのではないか、という三面千手観音坐像（頭上に二十四面）がお姿を現した。

この話を聞きつけた文化庁の文化財保護関係者が、一も二もなく重要文化財に指定するとした仏像だった。その時の話で、清水寺僧侶の中で、「このお姿の仏様、前に見たことがある」と言い出す僧があった。彼が見たのは、経堂の中に収蔵されていたお像の一体がそれだった。その像は秘仏の御本尊の前に祀られる「お前立ち仏」だったのだ。「珍しい像や、と思っていたが、奥の院御本尊のお前立ち様やったんか」という話である。

音羽の滝の清水で日本初のビール製造工場も

清水寺の荒廃を、京都市民が見過ごしにしていたわけではない。京都の政治経済界を挙げて、清水寺復興のための取り組みが行われた。

もちろんこの時期、清水寺住職を務めた園部忍慶《そのべにんけい》の尽力も大きなものがあった。彼は清水寺の本山であった興福寺の復興にも大きく寄与、そのために命を縮めたといわれたほどであった。明治二十三年（一八九〇）、四十九歳での入滅《にゅうめつ》だった。彼は当時としては異例の長期間、三十五日間にわたる御本尊御開帳を行って、寺の財政の再建に努めたりした。

跡を継いだ雲井良海は、明治十九年（一八八六）に結成された「清水寺保存会」とともに、清水寺復興に労力を費やした。清水寺保存会は「一山の堂塔伽藍を修復し、以《もっ》て天下の名蹟を永世に保存する」という目的で設立された。もともと清水寺は檀家を持たない寺である。簡単にその目的が達成されるような収入があるわけはない。

その支えとなったのが、これまでからも幾多の危機を乗り越える原動力となった庶民信仰、観音信仰を基礎とした講社の存在だった。清水寺周辺に数多くあった講社の集まりが「二十二講」といわれ、そこから「清水寺信徒総代」という制度が生まれ、こうした組織が荒廃した清水寺を支え、復興の礎となった。

前述した境内の堂塔伽藍の再配置なども、こうした動きの中で検討されたのだった。信徒たちの動きとは別に、行政側でも殖産興業によって清水寺の復興に寄与しようとしたらしい事象があった。

それはビール製造だった。明治維新の九年後、明治九年（一八七六）、京都府は京都舎密《せいみ》局を通じて、名水として世に知られる音羽の滝の水を使って、ビールを造ろうとしたのである。「舎密」とはオランダ語で「化学」を意味する。明治新政府は、写真術や陶磁器造り、七宝、硝子などの新技術を導入しようと設立。その中で良質な水がある音羽の滝を利用するビール製造が考えられた。

滝の下の南側にビール醸造場を設置、京都舎密局の分局とし、「京都舎密局麦酒醸造所」も置かれた。ところが少々時代を先取りしすぎたのか、当時の日本人の嗜好《しこう》には合わなかったらしく、この計画はうまくいかなかった。三年後には閉鎖のやむなきに至っている。

中興開山大西良慶和上《おおにしりようけいわじよう》の登場

清水寺の復興、復活は大西良慶和上の登場を待たねばならない。明治時代、さまざまの人々が取り組み、さまざまな復興策が試行された。しかし、そのどれもが今ひとつ明確に効果を挙げたとは言いがたかったのは、前述のとおりだ。

大西良慶和上、昭和五十八年（一九八三）に、数え年百九歳でお亡くなりになるまで、六十九年間にわたって、清水寺貫主《かんす》（住職）を務められた。清水寺の創建が七七八年、明治維新が一八六八年、創建以来約千百年で神仏分離令、廃仏毀釈、上知と未曾有《みぞう》の大難に遭った清水寺は、その後、復興のため五十年近く呻吟するが、その復興の切り札となったのが、良慶和上だった。

ところで現在、中興開山大西良慶師は入寂後、もっぱら「和上」とお呼びしている。もともとは僧侶の官位の名称だったが、後には高僧の尊称として転用されるようになり、良慶「和上」はそれに従って、通常「和上」と呼ばれるようになった。近親者や法類からは「方丈さん」、一般信者からは通常は「貫主さん」だが、親しみを込めて「良慶さん」とか「良慶はん」と呼ばれていた。

ここで、また余談をひとつ。昭和五十一年（一九七六）、日本で最初の五つ子が誕生したことを、ある一定以上の年齢の方だと記憶しておられるだろう。両親は当時、NHKの放送記者だった山下頼充夫妻だった。その山下夫妻は、百歳を超した和上に名付け親を依頼した。良慶和上は快諾、日本初の五つ子の名付け親となった。これは山下氏が、一時期NHK京都放送局勤務となり、宗教都市京都の、仏教を中心とする宗教分野を取材する記者クラブ、宗教記者会に所属し、和上を存じ上げていたことからだったと聞いている。和上はこの山下家の五人の子どもたちに、観音経の中の「妙智力」「福聚（寿）海（洋）無量」を中心として、長男福太郎、長女寿子、二男洋平、二女妙子、三女智子と名付けられた。

四十歳の若さで清水寺へ

大正三年（一九一四）十月、良慶和上は奈良興福寺の住職と兼務で、清水寺住職として晋山された。時に四十歳という若さであった。

生まれは明治八年（一八七五）。奈良多武峰《とうのみね》の智光院住職大西広海師の次男だった。広海師は廃仏毀釈で廃絶した多武峰・妙楽寺の元執行代も務めており、良慶和上は神仏分離令、廃仏毀釈の余韻さめやらぬ時期に生を受けている。幼時から将来を嘱望され明治二十二年（一八八九）、十五歳で興福寺に入った。当時の興福寺住職は法相宗管長で、清水寺住職を兼務していた園部忍慶師。忍慶師が翌二十三年に急死したため、法相宗管長となった千早定朝《ちはやじょうちょう》法隆寺住職について受戒得度、法名を「良慶」とした。

以後、法相唯識《ゆいしき》の教学を、当時第一の唯識学者といわれた佐伯定胤《さえきじょういん》師に学び、後には自身が唯識教学の第一人者といわれた。同三十一年（一八九八）に興福寺副住職に、三十三年には住職（貫主）に二十六歳で就任した。その後、真言密教三宝院流の金剛・胎蔵両界の伝法灌頂も受けている。明治三十八年（一九〇五）、日露戦争の従軍僧として戦没者慰霊を行った際、激戦の旅順二〇三高地を訪れ、兵士の遺骸の悲惨さに不殺生、非戦平和の誓願を固めたといわれる。

後世、第二次大戦後、平和運動に挺身された和上の原点である。同年三十一歳で、恩師の佐伯定胤法隆寺貫主に代わって法相宗管長となり、興福寺大僧正・探題に昇進した。四十四年には再び管長に推挙され就任した。この頃から書の世界でも名声高く、「五明道人《ごみょう》」の号を使っておられた。

晋山時の清水寺は復興いまだし

和上が晋山された当時の清水寺は、明治維新からかれこれ五十年、諸堂の修繕や境内の整備に努め、廃仏毀釈や上知の打撃から少しずつ立ち直りつつあったとはいえ、せっかく残った塔頭でも無住のところもあり、僧侶の住む諸院や子院は荒廃しきっていた。和上が晋山した際の挨拶状に、「法務の都合上、当分、清水寺本坊成就院に留《りゅう》錫《しゃく》する」とあり、成就院に居を置いたが、この成就院ですら、「内玄関から入る間でも、雨が降ったら、傘をさして廊下歩かな、裸足で歩けんほど雨漏りした」(「和上回顧談」)といった状況だった。

良慶和上は、清水寺を正法の興隆と宣布活動の本拠地とした。

まず、なおざりにされていた清水寺の年中法会を、厳重に奉修することから始めた。法相宗の元祖玄奘三蔵《げんじょうさんぞう》・開祖慈恩大師の忌日法会を重視し、信徒の各講組の例会などにも積極的に取り組まれた。八月九、十日の千日詣り、十五日の盂蘭盆《うらぼん》、十七日観音縁日の六斎念仏、二月四日の星供など、明治期には禁止の憂き目にあっていた民衆的な伝統行事の再興、振興も行った。現在、釈迦堂と阿弥陀堂の間、東の山肌に建つ百体地蔵堂の再建もそうした事業の一つだった。

昭和四年（一九二九）には、開山延鎮上人の千百年遠忌法要を営み、連動して慶讃の御本尊御開帳を六十日間にわたって行うなど、精力的にさまざまに信徒を招き入れる事業を実施した。あらたに信徒組織の充実にも努めていった。とくに女性信徒の組織化などは、これまで誰も発想しなかったことだった。

今に続く、日本初の盂蘭盆法話を開催

今や京都の、いや日本の仏教界の夏の恒例行事「盂蘭盆法話」を始められたのも、良慶和上である。晋山の翌年、大正四年（一九一五）にそれは始まった。午前六時から一時間、八月一日からの五日間、和上は独りで法題を変えながら法話し、その独特の「良慶節」で、宗派を越え、仏教全般にわたる蘊蓄《うんちく》を傾けられ、京の夏の風物詩として親しまれた。この盂蘭盆法話で現在も続く風習がある。篤志家によるパンの供養である。今でも法話の後、良慶和上のお好きだったアンパンに、ジャムパンやメロンパン、クリームパンなどの添えパン二個が、牛乳とともに参加者に配られ、パンによるお供養が行われるのである。

和上の活躍、働きぶりは、とどまるところを知らぬが如《ごと》くであった。晋山以来、要

請があれば全国どこへでも法話に行かれた。要請がなくとも、積極的に各地へ布教のための足を延ばされた。和上が法話をされた場所を、日本地図の上に黒点で置いていくと、地図が真っ黒になるくらいである。各種の仏教団体のリーダーを務め、さらには日本の養老院施設の嚆矢《こうし》ともいうべき「京都養老院」（現在の「同和園」の前身）の設立にかかわられた。

和上は、こうした仏教に直接関係ある事柄だけでなく、多方面の文化的な分野にも、さまざまに「良慶」の名を広めていかれた。これはご自身が名を広めようとしたのではなく、活動によって広がっていったのだった。例えば、茶道「織部流」の尾崎米山師を支援して「織部流扶桑派」の創流にも協力している。書画もよくされた。現清水寺貫主の森清範師も、「今年の漢字一字」を書くなど、今や日本でもっとも有名な書家の一人であるが、森貫主の現在あるは、良慶和上の薫陶《くんとう》があったからこそであろう。

森貫主が自身の法話の中で、良慶和上の手習いの手伝いをしていた頃の話を、時折されることがある。森貫主の役目は、手習い用に和上が残しておられる、包装紙や広告の紙を和上の前に準備すること、そして、墨を磨ることだったそう。和上はその紙が真っ黒になるまで使われ、筆を洗って墨が溶け黒くなった洗い水で、また手習いをしたというほど、書画の稽古に没頭されていたという。

良慶という法名のほか、書画にはいくつかの号を使っている。その中で興味深いのは、「五明」を使っていることだ。「五明学人」「五明道人」「五明洞」などである。その「五明」とは①内明《ないみょう》（仏教学）②因明《いんみょう》（論理学）③声明《しょうみょう》（文法・音声学）④工巧明《くぎょうみょう》（芸術・建築学）⑤医方明《いほうみょう》（医・薬学）の五つをいう。僧侶として学問修行すべき必須学科とされていた。和上はそのすべてに通じておられた。

大戦後も活躍、平和運動に挺身

こうした良慶和上の盛名は、戦前戦後を通じて大きな影響力を持っていた。ただ、戦前戦中の良慶和上について、戦争協力者だったと中傷する向きもあったが、和上はただ日本という国の安泰と、平和のためにという、二つの命題に忠実だったのである。だから戦後の良慶和上はそれ以前以上に、活発に動かれた。

昭和二十年（一九四五）の太平洋戦争終了後、信徒の再組織化に努められたのをはじめ、戦前も行っていた京都市内での法話会も、戦前の三倍に増やし、全国各地へ布教活動のために東奔西走した。「京都文人連盟」を結成。日中仏教界の親善に努力され、日中国交回復の縁の下の支えとなり、それが日中友好仏教会の設立として結実する。さらに一九七〇年前後、ベトナム戦争に心を痛め、ベトナム即時和平を訴え続けられた。ベトナム和平実現後も、和上の平和運動は続いた。仏教界だけでなく宗教界全般にまで、和上の活躍の場は広がっていた。

昭和四十年（一九六五）、和上は法相宗大本山、奈良・興福寺の末寺だった清水寺を独立させた。「北法相宗」の立宗である。和上はかねてから、仏教界に新生面を開く必要あり、との思いを持っておられた。旧態依然とした教法からの脱皮を目指すとともに、北伝法相唯識の正統を伝え、北都（南都奈良に対して北、京都を意味する）に位置し、法灯を掲げる法相の寺という意味が込められている（※「北伝」法相唯識とは、中国唐から法相宗が伝来する際、まず道昭《どうしよう》が元興寺《がんごうじ》に伝え、次に玄昉が興福寺に伝えている。奈良で興福寺が北、元興寺が南という位置関係から、「南伝」「北伝」といわれる。「南伝」は元興寺が他宗に変わり途絶えた）。

北法相宗を立宗した和上は、布教誌『清水』を創刊、定期刊行したのをはじめ、毎月二回（第二、第四日曜日）の「北法相宗仏教文化講座」という唯識法話の会を開催、いずれも現在も続いている。

昭和五十八年（一九八三）二月十五日、和上は数え年百九歳という、稀《まれ》に見る長寿の一生の幕を閉じられた。二月十五日は釈迦が涅槃《ねはん》に入ったとされる日である。真の仏弟子と言われた良慶和上らしい日の入寂であった。良慶和上の一生を振り返るとき、廃仏毀釈で衰退の極みにあった清水寺を見事に復興され、その墓碑銘にある「中興開山　良慶和上」にふさわしい一生だったといえる。

清水寺の宗旨、北法相宗とは

音羽山清水寺の宗派名は「北法相宗」となっている。千二百年余の歴史を有する清水寺は、そもそもは奈良の法相の寺、興福寺と縁の深い子島寺の僧賢心（後に延鎮）を開山としていることは、繰り返し書いてきた。

このため「法相」の寺として出発し、平安時代からずっと興福寺の客分格の末寺だった。平安時代に入り、弘法大師空海によって真言密教が中国から伝わり、真言宗が立宗された。以後、開山延鎮上人の出身寺である子島寺が真言宗の一派である子島流の母体となったことなどもあって、清水寺も真言宗との縁が深くなったせいか、法相と真言の二宗兼学の寺となる。もとの法相宗一宗のみの寺となるのは明治のはじめまで待たねばならない。

真言宗子島流について触れておこう。平安時代中期、興福寺に真興《しんごう》（九三四～一〇〇四）という大学僧がいた。彼は法相の学僧だが、真言密教を深く研究。清水寺開山の延鎮上人の出身寺、飛鳥の子島寺に隠遁《いんとん》したが、そこで法相唯識の教理と真言密教を融合させた「真言宗子島流」を開いた。

唐代、インドから唐へ渡来し真言密教を伝えた不空《ふくう》が著述した『金剛頂《こんごうちょう》（経）蓮華部心念誦儀規《しんねんじゆぎき》』を、彼が法相唯識の教理を応用して注釈して著わした真筆の『縛日《ばさ》羅駄都私記《らだつしき》』という文書が今も清水寺に残されている。「縛日羅」は「金剛」、「駄都」は「世界」を意味する梵語である。漢文訓読の送り仮名（ヲコト点）が朱筆で付けられている。日本国文学史上、非常に貴重なものである。

奥書に天元五年（九八二）に著述したものを、永延三年（九八九）に自らが書写したと記してある。清水寺へ伝来したわけは、真興の高弟で清水寺上綱《じょうごう》（別当）となった清範《しょうはん》（九六二～九九九）が、師から譲り受けて清水寺に持ち込んだものであろう。

法相の日本伝来は『西遊記』の三蔵法師から

さて、その「法相宗」。孫悟空の活躍でおなじみの『西遊記』に登場する三蔵法師、玄奘三蔵（六〇二～六六四）という中国唐代の名僧が、経典を求めてインドに渡る話だが、彼は中国に持ち帰った経典を漢訳する。玄奘の弟子の慈恩《じおん》大師が、『成唯《じょうゆい》識論《しきろん》』の漢訳を手伝い、『成唯識論述記』を著わす。これを基に開かれたのが「法相宗」である。それで法相宗では玄奘を始祖とし、慈恩を宗祖としている。

日本に伝わったのは、まず奈良時代に元興寺の道昭という僧が唐に留学し、玄奘に直接学んで、法相の教えを伝える。これを奈良の地理的な状況から、南にあった元興寺に伝わったため、「南寺の伝（南伝）」の法相という。それに対し、「北寺の伝（北伝）」という法相が、すぐ後に日本に伝えられる。元興寺より北にあった興福寺の僧玄昉が、道昭より少し後に渡唐。慈恩の孫弟子にあたる智周大師という方に教えを受けて、日本に法相を伝えた。元興寺は後に華厳宗に変わったので、南伝は断絶し北伝だけが残ることになる。

法相の教義は「唯識《ゆいしき》」、すべては自身の心から

その教義だが、根本を「唯識」という。「唯識」、読んで字のごとく「唯（ただ）」「識（しき＝心）」であるとする。つまり、あらゆる存在・事象は、ただ識、すなわち〝こころ〟の働きの反映にすぎないというのである。

端的には、「万法《まんぼう》唯識」という。また、華厳経でいう「三界唯一心《さんがいゆいいっしん》」（一切衆生が生死をくりかえす全世界＝欲界・色界・無色界〈地獄・餓鬼・畜生・修羅・人間と二十八天〉は、ただ各自の一心から現れ出たものである）と、その対句である「心外無別法《しんげむべっぽう》」（よって、一切のものは、心を離れて心の外に独立しては存在しない）であり、同じく華厳経の

唯心偈《ゆいしんげ》の一節にある「心仏及衆生《しんぶつぎゅうしゅじょう》　是三無差別《ぜさんむしゃべつ》」（迷いの凡心と清浄円満な仏、そして一切衆生のこの三つは等しくして異なることはない）とともに、唯識の原理なのである。いささかややこしい。

一時期は真言宗の所属に。醍醐寺の末寺となる

法相と真言という二宗兼学で平安以後、明治まで来た清水寺。しかし、明治維新後の明治五年（一八七二）九月、明治政府教部省の通達は、「小宗派の独立を制限する」で、法相宗本山の興福寺が廃仏毀釈のため廃寺同然となっていたこともあって、法相宗所属寺院が他宗派への所轄替えを命じられ、清水寺も真言宗への所属となった。真言宗醍醐寺の所管となり、醍醐寺の末寺となったのである。

再び法相宗となるには、明治十五年（一八八二）六月まで待たなければならない。内務省通達によって法相宗の再独立が許可され、清水寺は真言宗醍醐寺の所管から、また奈良興福寺の所管するところとなり、法相宗寺院となったのである。なお、この時期、清水寺は幕末以来、住職不在が続いていたが、明治八年（一八七五）になってやっと、成就院住職だった園部忍慶（一八四二～一八九〇）が、京都府知事から清水

寺住職（貫主）就任を認可された。信海以来、十六年ぶりのことだった。園部住職は廃仏毀釈、上知令により荒廃した清水寺復活に懸命に努力している。また、彼は本山の興福寺復興にも大きな力を発揮している。

中興開山良慶和上、法相の正統を自負して「北法相宗」を立宗

清水寺中興開山大西良慶和上は、昭和四十年（一九六五）に興福寺末寺であった清水寺を独立させ、つまり法相宗からも脱し、「北法相宗」を立宗する。

良慶和上は大正三年（一九一四）、当時は興福寺貫首であった。九月、北海道巡教中だったが、清水寺の井坊忍教住職（貫主）の訃報を聞き、急遽、巡教を中止し奈良へ帰った。そして、清水寺信徒総代らの「清水寺住職（貫主）」就任の懇請を受け、十月九日に「興福寺住職との兼務」を条件に承諾し、十一月八日に清水寺へ晋山された。

以後、お亡くなりになるまでの約七十年間、清水寺の復興と布教、振興に努められた一生だったことは、前述したとおりである。

そして昭和四十年、和上九十一歳（数え年）の時、いよいよ奈良の法相宗から独立

するのである。ここに「北法相宗立宗奉告文」がある。（原文は漢文なので、読みやすく和文にした）。

まさに今、本尊の宝前において山内の衆等・信徒総代・外護篤信の士女を請じて北法相宗創立の奉告の式典を挙ぐ。

ひそかに想う。機に正像末あり、世に変遷暴流《ぼる》の如きあるなり。しかのみならず、外に東亜風雲の穏やかならざるを伝え、内に道義頽破して固本の策なきを現す。教団個体また、これに同じ。新たに子弟教養の途を拓《ひら》きて、社会強化の実を挙げんにしからざるなり。

しかればすなわち、旧慣を脱却して教学振興、観行策励し、布教第一義に実行せん。これ観音大士の誓願にして、宗教本来の使命なり。

憾《うら》むらくは老軀不敏、ただ規範を定め、後昆を期するのみ。こいねがわくば、照鑑を垂れ加護あまねからんことを、謹みて祈り奉る。

昭和四十年七月一日　　大僧正　良慶

和上は教法は活き物であって、時代の人心の移り変わりに応じて、新生面を開かなければならないと考えておられた。あの時代、新興宗教勢力が大流行する中、既成仏教教団の権威主義的な旧守、無為に対しての危機感を抱かれておられた。それが立宗の動機であった。

「北」を名乗ったのは、法相宗の日本伝来に由来する。奈良時代、興福寺の僧玄昉が中国唐に留学し、法相宗第三祖智周大師に学んで興福寺に伝えた法相の教えを、「北(寺の)伝」法相ということはすでに記した。この北伝の正統を意味し、さらに南都「奈良」に対し、「北京《ほっけい》」の京都に法灯を掲げる「法相宗」であると、高々と宣言したのである。

第五章

清水寺

参詣《さんけい》曼荼羅《まんだら》の不思議

「清水寺参詣曼荼羅」とは

清水寺に十六世紀中頃、戦国時代に作られた「清水寺参詣曼荼羅」という絵図がある。現在はきちんと表装されている（縦一六二センチ、横一七五センチ）が、もともとは表装の枠の部分をのぞく絵の部分だけのものだった。その絵の部分、よく見ると、縦横に折り目の跡があることがわかる。（口絵参照）

なぜ、そんな折り目の跡が、というと、実はこの絵図、その頃の清水寺の僧が、この絵図を折りたたみ、笈《おい》の中に入れ全国を回り、行く先々で絵図を広げ、絵図に描かれている清水寺を集まった人々に示し、清水寺への信仰を勧め、参詣を促すため、いわゆる布教のために使ったものなのである。「清水寺にはこんなに素晴らしい堂塔伽藍があります。皆さんはこんなふうにお参りしていますよ」と。

清水寺は創建以来、何度も戦火や失火、放火などの災難に遭いながら、その度ごとに立ち直ったことはすでに述べた。この「清水寺参詣曼荼羅」に描かれているのは、応仁文明の乱で全焼の災禍の後、復興した清水寺の姿である。

さて、このような絵図が、なぜ「曼荼羅」といわれるのか。「曼荼羅」は、もともとはインドに生まれ、中国を経て、日本に伝来した。インドの古語サンスクリットの

ｍａｎ・ｄａｌａの音写語。日本には真言宗の祖、弘法大師空海が中国唐から招来した。真言密教では、胎蔵界と金剛界の両界曼荼羅がある。岩波書店発行の仏教辞典では、曼荼羅をこう定義している。「密教の教義を、大日如来を中心とした諸尊の配置によって図示」。つまり、「大日如来を中心に仏の世界、どのような仏がおられるかが、一目でわかるように示した図」とでも言おうか。

参詣曼荼羅に見る当時の風俗、参詣道

この曼荼羅における仏の配置を、清水寺の境内図に置き換えたものが、「清水寺参詣曼荼羅」なのである。中央の大日如来の位置には本堂・舞台があり、その周辺に諸仏諸尊にあたる仁王門、西門、三重塔、子安塔、田村堂、朝倉堂、釈迦堂、阿弥陀堂、奥の院といった諸堂塔伽藍が配され、描かれている。もちろん音羽の滝も。

この「清水寺参詣曼荼羅」を詳しく分析解説した下坂守奈良大学教授の説（『描かれた日本の中世―絵図分析論―』）に従って、清水寺に参詣してみよう。

双六《すごろく》の振り出しのように、どこが参詣道の出発点だったのか、どういうルートを辿《たど》って詣でたのか、どんな人々が詣でているのか、などなどこの絵図は、さまざまな魅

力に富んだ清水寺の様子を今に伝えてくれる。

曼荼羅図の左下隅、ここが洛中、現在で言えば、中京・下京あたりの地から鴨川を越え、洛東の東山の地へ来る最初の場所なのである。橋が二つある。つまり当時は鴨川に中之島があり、その二つの橋を渡って、清水寺のある東山の地に至る。この二つの橋は五条の橋なのである。絵図で中之島を取り囲む黒色は、鴨川の流れを表している。もっとも現在、この橋の位置にある橋は、松原通にかかる「松原橋」となっている。というのも、太閤秀吉が行った京の町の区画整理で、五条通は少し南側に下げられ、現在の位置になり、代わってこの通りは松原通となったからだ。

中之島にはお堂があり、お堂の中には大黒天が鎮座している。この大黒天、現在の清水寺にも残っている。本堂外陣（礼堂）の西、拝観券を轟《とどろき》門で見せ、廻廊を東に行くと、その正面に先ず拝観者を出迎えてくれる「出世大黒天」がある。その出世大黒天と絵図の中之島に鎮座する大黒天は同一のものである。大黒様の横では僧が柄杓を差し伸べ、柄杓の中に銭を、つまり喜捨を募っている姿が描かれている。この柄杓を差し伸べる僧は、参詣曼荼羅図の諸堂の至るところにいる。こうして喜捨をいただくというのが、当時の寺院の有り様《あよう》だった。

参詣路は八坂塔下から産寧坂を経て門前へ

二つの五条の橋を通って洛外、東山の清水寺参詣道に入ろうとすると、まず一の木戸がある。この木戸には木戸番がいる。まず、この木戸番のチェックを受ける。道の両側には、人がいたり、寺があったりする。この時代、清水寺だけでなく霊験あらたかとされる寺社の周辺には、さまざまな人々が集まっていた。この参詣曼荼羅でいえば、清水寺の参詣道の周りにも、そういった人たちの姿がある。

例えば、病苦に悩む人。今ではまったくいわれがないとはっきりしているが、当時は伝染する業病とされていた、今でいうハンセン病、その頃は「ライ病」といわれた人々が、観音の功徳に救いを求めて集まっていた。死者を扱う人々や動物の皮革を加工し、弓弦を作り売り歩く人々などの集団もいたことが、この絵からわかる。

参詣の道は、現在のように五条橋をわたり五条通（現松原通）をまっすぐ東に向かっていたわけではない。今、松原通はまっすぐに東に延び、現在の東山通（東大路）を越え、清水坂となり門前町につながり、清水寺境内の仁王門の前に至るが、この参詣曼荼羅が描かれた頃の参詣道は、そうではなかった。

一の木戸を過ぎると、すぐ下方にお堂がある。これは六波羅蜜寺と思われる。そして参詣道は多分六道珍皇寺のあたりで北にふれ、今の八坂通を東に向かっている。するると雲の間に塔の上の部分だけ見える。この塔は清水寺の塔ではない。俗に八坂塔といわれる、建仁寺の院外塔頭である法観寺の五重塔なのである。参詣道はこの八坂塔の麓を通っている。ということは、現在の二年坂、産寧坂（三年坂）が清水詣でのルートだったことがわかる。そして、今も残る来迎院経書堂のところで、現在の門前町の前身と思われる茶屋が並ぶ道に出て、真福寺大日堂の前を通って仁王門へ到着するのである。

門前町は聖と俗との接点にある

仁王門に着くまでの参詣道には、不思議な図柄もある。八坂塔の手前に、なぜか卒塔婆が三本立っている。この卒塔婆の意味は、古い伝承による。源平の時代、十二世紀の末期、源氏の勇将に熊谷次郎直実《なおざね》という剛の者があったという話はよく知られている。直実は一の谷の合戦で、平家の公達《きんだち》、自身の息子と同じ年の十五歳の敦盛《あつもり》の首を討つ。世の無常を感じた直実は、浄土宗の開祖法然上人のもとで出家、蓮生坊となって、後に洛西、現在の長岡京市の粟生《あお》の光明寺（西山浄土宗総本山）を開いた人物だ。あの卒塔婆は彼が世をはかなんで、武士の象徴である弓を三つ折にした、その弓の名残であるという伝承なのである。

　門前の茶屋をよく見ると、絵の上部の茶屋では女たちが参詣者を相手に湯を振舞っている。手前側の並びを見ると、人は描かれていないが、鼓や太鼓が置かれている。ここは聖なる地清水寺に参った後、聖から俗へ、酒など飲んで楽しむ場所だったことを示している。

　こうやって二の木戸、三の木戸、四の木戸を過ぎて、塔頭の来迎院経書堂、真福寺大日堂を過ぎて、仁王門にたどり着く。

　仁王門を通って境内に入ると、諸堂伽藍は現在とほとんど変わりなくあったことがわかる。西門《さいもん》には「日想観」という、西方極楽浄土に落ちていく夕日を観じながら悟りを得ようとする僧の姿がある。三重塔があり、田村堂（開山堂）、朝倉堂、本堂と舞台、地主権現、釈迦堂、阿弥陀堂、奥の院、音羽の滝とあり、滝に打たれ水行する人もいる。舞台上では景色をめでる人もいれば、どうも酒でも酌み交わしているのではないかという人々もいる。地主権現では「地主の桜」という言葉どおり、爛漫《らんまん》の桜花の下、酒を飲み扇を開いて舞う人もいるというのだから、まさに清水寺は中世の

〝テーマパーク〟だった。

かつて〝舞台〟は、本堂、奥の院だけでなく三つあった

この絵の中で注目は、舞台を持つ建物が三つあることだ。清水寺で舞台を持つ、つまり崖に張り出すように造られる懸造《かけづくり》の建造物は、本堂と奥の院だということは知られている。ところが、もう一つある。本堂に向かって左斜め横の建物、このお堂は朝倉堂（法華三昧堂）という。越前の守護大名朝倉氏が寄進建立してくれたことから、この名があるお堂だ。いま朝倉堂には懸造舞台はない。この絵図が描かれてから約百年後、江戸時代の寛永年間に再び大火が襲い、多くの諸堂が焼けたことは前述した。朝倉堂も焼けている。その復興の際、朝倉堂の舞台も姿を消したのである。懸造に必要なのは崖だ。寛永の再建の際に、地形も平準化され、崖がなくなり懸造の必要がなくなったのであろう。

成就院の位置も現在と変わっている。実は寛永の大火の火元が成就院であり、そのため再建の際に位置をずらされたのだ。坂上田村麻呂公ご夫妻が座っている田村堂の背後に庭とともに描かれているのが成就院だが、門の上を見ると、矢狭間がある。当

時の戦乱の社会の中で、寺といえども備えを持っていたことの証であろう。

音羽の滝で水行する人の横、水桶を頭上において運ぶ女や、天秤で水桶を運ぶ人がある。門前の人々の生活用水を清水寺が受け持っていたのだ。さらに、滝と本堂を結ぶ石段に白衣の男が二人いる。この二人、滝行しては本堂まで駆け上がり、御本尊を祈り、また滝まで駆け下りる。これを繰り返すこと三十三度。お百度参りの音羽の滝版をしているらしい。

この参詣曼荼羅は、現代と中世を結ぶ絵でもあることが理解できる。成就院の位置や朝倉堂の変化など、現代の清水寺が失った景観がここにはある。参詣道の武士たちの容儀、境内の参詣者たち、僧侶たち、さまざまな分野や階層の人々の風俗がはっきりわかるのである。

清水寺の史料から「鉄砲伝来は種子島」の定説に疑問符

「清水寺参詣曼荼羅」以外にも、清水寺のこの時代を描いた史料が残っているので紹介しよう。残っているといっても、清水寺のものではない。室町時代後期にかけて、各種の「洛中洛外図」とか「洛外名所図」などが描かれている。これらの絵図の中にも清水寺は数多く取り上げられている。そして、そうした絵図の中には制作年代から、これまでの歴史上の定説に疑問符がつくようなものが見つかっている。

下坂守奈良大学教授が「清水寺史」第四巻図録編の中で、面白い考察を述べておられる。紹介しよう。

「洛外名所図」という六曲一双の屛風がある。室町時代後期、十六世紀中期以前に描かれたものと見られる。紙本着色で各縦は一一七・四センチ、横三五九・九センチという堂々とした屛風で、今は東京の太田記念美術館が所蔵している。下坂教授によると、この絵では、天文十三年（一五四四）七月に京都を襲った大洪水で流失し、以後再建されることがなかった四条橋西詰めにあった祇園社の大鳥居が描かれていることから、同年以前の東山の風景が描かれていると考えられるという。

この中に、子安塔の前で鉄砲を撃つ武士の姿がある。鉄砲の日本伝来は、種子島に漂着したポルトガル人によるものとされ、天文十二年（一五四三）が定説となっている。となると、天文十三年以前に描かれたとされている、この「洛外名所図」での鉄砲を撃つ武士の姿は、その定説といささか矛盾していると思われる。下坂教授は「（この）通説は再検討されなければならない」といっておられる。

ちなみに下坂教授は、清水寺に残る古文書、「成就院文書」にも面白い記述があると指摘している。「伽藍で鉄砲を撃つことを禁ずる」という文言が、清水寺宛の永禄四年（一五六一）七月付け「松永久秀禁制」、同年八月付け「三好義興禁制」である。松永、三好二人とも当時洛中の実権を握った戦国武将である。その二人が、いずれも清水寺境内、伽藍で鉄砲の発射を禁じているところが面白い。

第六章 観音様とは、どんな仏様

清水寺には諸堂伽藍があって、それぞれに御本尊が祀られている。例えば、釈迦堂だと「釈迦三尊」、阿弥陀堂は「阿弥陀如来」、三重塔は「大日如来」。しかし、本堂の、清水寺全体の御本尊は十一面千手観音である。

御利益の多大さを表す数多い種類の観音様

仏の種類は多い。釈迦如来が開いたという仏教だが、後世、釈迦の教えを説くときに、その教えの多面的な内容を、さまざまな仏を設定して、それぞれに役割、機能を与えたのであろう。仏教が生まれたインドは、その土地柄、多くの神々が存在する多神教であった。それらのインドの神々が仏教の中に取り入れられ、仏となっている事例も多い。

簡単には観音様というが、観世音菩薩を略している。原名は古代インドの言葉、サンスクリット語（梵語）では、アバロキテシュバラ・ボディサッタバ。ボディサッタバは菩提薩埵、菩薩のこと。仏典を漢訳した西域から中国への渡来僧鳩摩羅什《くまらじゅう》は、『妙法蓮華経普門品二十五（観音経）』を訳した際、「観世音菩薩」と漢訳した。「世のすべてを観、音を聞き救う存在」という意味である。西遊記で知られる玄奘三蔵は、

『般若心経』を訳したとき、「観自在菩薩」と漢訳した。「世のすべてを観て、自在にご対処くださる」というのである。観世音菩薩と観自在菩薩は、もともと一緒なのである。

観音の御利益、功徳を説いた『妙法蓮華経普門品第二十五』、俗にいう観音経には、さまざまな御利益が記されている。「一切の功徳を具え、慈眼をもって衆生を視たまい、その福聚の海は無量」、「衆生が災厄を被り、無量の苦が身に逼るとも、観音の妙智力能く世間苦を救う」とか、火難・水難などの七難を救う、さらに男女の産み分けも観音を信じることで叶えられるなど、現世利益の仏様なのである。

清水寺の御本尊は、前述のとおり「十一面千手（千眼）観音菩薩」である。正面のほかに頭上に十一のお顔（面）を置き、千本の手を持つ。なぜ千本の手があり、十一ものお顔を持つのだろうか。「観音経」には、こう説かれている。

「もし無量百千万億の衆生ありて、もろもろの苦悩を受けんに、この観世音菩薩を聞きて一心に称名せば、観世音即時にその音声《おんじょう》を観じて、皆解脱（煩悩の束縛から解放され、安らかで自由な悟りの境地に達すること）することを得しむ」

そして、こうも言われるのだ。「観音は三十三身に変化し、衆生を救う」と。衆生の災難の状況に応じて、臨機応変に姿を変え、その苦難から救ってくれるのだ。三十三身には仏、神、人間界のさまざまな姿、さらには人間ではない天竜や夜叉《やしゃ》などがある。ちょっと挙げてみよう。仏・辟支仏《びゃくしぶつ》・声聞《しょうもん》・梵天・帝釈天・自在天・大自在天・天大将軍・毘沙門天・小王《しょうおう》・長者・居士・宰官《さいかん》・婆羅門《ばらもん》・比丘・比丘尼・優婆塞《うばそく》・人身・非人身・童身・天女身・婦身・童男《どうなん》・童女《どうにょ》・天身・龍身・夜叉・乾闥婆《けんだつば》・阿修羅・迦楼羅《かるら》・緊那羅《きんなら》・摩睺羅迦《まごらか》・執金剛《しゅうこんごう》の三十三である、と観音経はいう。

このため観音はさまざまに神通変化して、衆生を救うのだが、形象的にも多様な形で表現されるようになった。観音本来の姿とされる聖《しょう》観音をはじめ、変化観音と呼ばれる観音が生まれた。千手観音、十一面観音、如意輪観音、馬頭観音、不空羂索《ふくうけんじゃく》観音、准胝《じゅんでい》観音は、聖観音と合わせて六観音（この場合、不空羂索観音か准胝観音のどちらか）、または七観音と呼ばれる。さらに中国では道教の影響を受けた。魚籃《ぎょらん》観音、楊柳《ようりゅう》観音、白衣観音などが生まれ、三十三観音としてまとめられた。後には、六観音、七観音、三十三観音以外にも慈母観音や、切支丹《きりしたん》禁制に逆らったマリア観音などという観音まで生まれている。

またまた余談だが、読者諸賢は観音様の性別をどちらとされるだろうか。慈悲に富み、大きな母性を感じさせるところから、そのお像には女性的に造られたものが多い。そのため、女性であると思っている方も結構多いようである。実は男性なのである。

御本尊の「清水型」十一面千手観音の御利益

さて、こうした多くの観音の中で、清水寺の御本尊は「十一面千手観音」である。十一面観音と千手観音が合体しておられる。さらに「清水型」と呼ばれる独特なお姿の立像である。

十一面観音は六道（地獄・餓鬼・畜生・修羅・人間・天上）では、修羅道を救済するとされる。十一面と言いながら正面と合わせると十二面になる。頭上十一面のうち、前の三面は慈悲（抜苦与楽）の相。左の三面は瞋怒《しんぬ》（邪悪を忿怒・叱正）の相、右三面は牙をむきその牙を上に向ける白牙上出（努力精進を激励）の相。後ろの一面は大笑いしている暴悪大笑（諸困惑を笑い飛ばす）の相。頂上には如来相（仏面）が一面ある十一面である。この観音様の功徳は、一般的には現世においては除病、滅罪、そして福を求める祈念仏とされる。密教では「諸病の苦から離れられる」「如来の愛撫を受

ける ことができる」「穀を得ることができる」「怨敵《おんてき》からも害を受けない」など十種の現世利益の功徳があるとされる。

そして、千手観音。手が千本、眼が千個であるところから、千手千眼観音ともいわれる。実際に千本の手を持って造られたり、描かれたりした千手観音像には、その千本の掌にそれぞれ眼が刻まれ、描かれている。経の中では、この観音は一切の衆生を救い、利益を与えるのであるが、普通の姿では偉力がないため、特に千手とし、この千手観音が救済する範囲が広大無辺なことを表している、とされる観音様である。六道のうち地獄道の苦悩を救済し、諸願成就、産生平穏をつかさどる、とされている。

現在ほとんどの寺の千手観音は、正面で合掌するお手と、左右二十本ずつ合計四十本のお手（臂）を持つお姿、四十二臂で表されている。古い時代の千手観音像は、実際に千本の手を持つお姿で表されている。奈良唐招提寺《とうしょうだいじ》の千手観音立像、大阪府藤井寺市の葛井寺《ふじいでら》の千手観音坐像などが今も残っている。その千本の手の間に、衆生を救うための、さまざまな得物、道具を持った手が左右にそれぞれ二十本ずつちりばめられている。後世の四十臂は、それを集約している。

こうして十一面観音と千手観音の二観音が合わさり、十一面の種々さまざまなお顔・お姿で衆生の悩み苦しみを的確にご覧になり、千手を使ってお救いくださるという、さらに広大なる御利益を持つ観音なのである。

その上に「清水型」である。一般に千手観音は四十二臂とされるが、この「清水型」では、そのうちの左右二臂を高々と頭上に掲げて組んだ掌の上に、一体の小如来化仏をいただく姿である。菩薩でありながら如来と一体化し、衆生を一人残らず救い尽くすという、絶大なる御利益、御功徳をお持ちなのである。

清水寺御本尊は、なぜ秘仏？

清水寺御本尊が秘仏であることは、よく知られている。平常は本堂内々陣の横幅約一六メートル、奥行き三・三メートル、最下段の高さ一四六センチの大きな須弥壇正面にあるお厨子（国宝）の中に祀られており、原則三十三年に一度しか御開帳されない。

その秘仏だが、何も清水寺だけのことではない。自寺の御本尊を秘仏としているところは多い。なぜ秘仏とするのか、については諸説ある。その仏像の霊験が強いため、さらにそのことを強調し、特別の尊崇を表すためであるとか、歓喜天のようにその尊容（二天が抱擁する姿が多い）から、人々の誤解を受けやすいなどの理由に基づいている。

それ以外、鎌倉時代以降、本来は仏の占有空間だった仏堂が、人間が入ってくる空間へと変化してきたため、堂内に仏のおわします空間を確保するようになったことからだろう、ともいわれる。清水寺の森清範・現貫主は「神仏習合による神道の影響もあるのではないか」といっておられる。密教の影響で平安時代以降多くなったようだ。いずれにせよ、仏の神秘性を高めることで、さらなる信仰心の高まりを考えたものであろう。

ただ、「それでは、お参りしても御本尊様が御開帳しておられない限り、そのお姿を拝めないではないか」という苦情の声があがる。当然のことだ。しかし、いま清水寺へお参りすると、参拝者の前に、ちゃんと金色に輝く御本尊様のお姿がある。実はあの仏様を「お前立ち」という。御開帳時以外、直接に拝することのできない秘仏の御本尊様と同じお姿の仏様を、御本尊の祀られるお厨子の前にお祀りする、こうした習わしをちゃんと用意しているのだ。

現在の御本尊（というのも創建以来、何度となく清水寺を襲った災厄で、当初の御本尊様が現在までずっとお祀りされているわけではない）は、像高は一七三センチ、台座から光背までの全高は約二六〇センチ、檜材の寄木造、素地仕上げで玉眼、水晶の白毫である。台座は上から蓮華・岩・框《かまち》の三重座。光背は二重円相に周辺が蓮華唐草文様の挙身光背を配しており、この様式から見て、鎌倉中期の再建と推定される。これは清水寺信徒総代を務められた天台僧で、昭和平成の大仏師といわれた、故西村公朝先生のご判断である。

お前立ち、お姿は本尊写しだが、やや小ぶりに造られており、徳川時代初期の作とみられる。

清水寺は三十三年に一度の御開帳が原則であると先述した。その原則御開帳は、最近では二〇〇〇年（平成十二）だった。だから次の御開帳は二〇三三年ということになる。ただ平成二十年に、西国三十三所観音霊場巡りを中興された花山法皇様の一千年大遠忌が営まれ、三十三所の観音霊場がこぞって、御慶讃のため秘仏御本尊を御開帳することとなった。このため清水寺でも、平成二十年九月から三カ月間、翌二十一年三月から三カ月間の二回にわたって、特別御開帳を行っている。

特別御開帳はともかく、清水寺の御開帳は原則三十三年に一度と、何度も述べた。

「どうして三十三年に一度なのか」。

三十三年に一度の開帳は「観音経」の「三十三身変化」に由来

観音経に「観音は三十三身に変化し、衆生を救う」とある、ということを思い出してほしい。この観音の三十三身変化に由来している。西国三十三所観音霊場だけでなく、全国の観音を御本尊とする寺では、「三十三」を大事にする。清水寺でもこの教えにちなんでの「三十三年に一度」の御開帳なのである。

ただし、こうした三十三年に一度の御開帳が、創建以来の習わしかというと、そうではない。御開帳は清水寺に限らず寺が、財政的に困窮してきたときや、堂塔伽藍の維持管理、修復などに必要な費用を調達する手段として行われてきた。

それが三十三年に一度に定着してきたのは、清水寺の場合、江戸時代の中頃、安永二年（一七七三）に御開帳されたときからのようである。それより前の御開帳が元文三年（一七三八）。その際に作成されたさまざまな書類が、それ以後の御開帳の先例とされるようになったことが大きな要因とみられる。安永二年は元文三年からは厳密には三十三年目とはいえないが、以後、三十三年を経過することが、御開帳を行う際の期限と設定され、それが定着した。

清水寺御本尊の脇侍《きようじ》は毘沙門天と地蔵菩薩

御本尊の仏には、左右に脇侍というお仕えする諸仏・諸天・諸神などがある。釈迦如来には普賢と文殊の両菩薩が、阿弥陀如来には観音、勢至の両菩薩が、というように。千手観音菩薩の脇侍には、婆藪《ばす》仙人と吉祥天（大弁功徳天）というのが決まりである。しかし、清水寺御本尊十一面千手観音菩薩には毘沙門天と地蔵菩薩が脇侍となっている。本堂内々陣の須弥壇には三つの大きなお厨子（いずれも国宝）がある。中央のお厨子に御本尊が祀られ、向かって右のお厨子に毘沙門天が、左のお厨子に地蔵菩薩が祀られている。この特異な奉祀形式はなぜか。

清水寺の創建者、坂上田村麻呂公の陸奥（東北）蝦夷との戦いにまつわる話からきている。蝦夷との戦いで、田村麻呂公率いる朝廷軍は、雲霞《うんか》のごとき蝦夷軍に囲まれ悪戦苦闘。あわや敗北か、となった時、田村麻呂公は日頃信じる清水観音に祈りを込める。「何とぞ、我が軍を勝利させ給え」。折から開山延鎮上人は毘沙門天・地蔵尊の両尊を彫像し、田村麻呂公の武運長久・征夷成功を祈願していた。

清水観音はこれに感応、両尊を派遣し、両尊は蝦夷軍を散々に打ち破った。朝廷軍は勝利し凱旋《がいせん》できた。これに報謝し以後、清水寺御本尊の脇侍は毘沙門天と地蔵菩薩となった。

『清水寺縁起』にはそう記されている。清水寺の両脇侍には別名がある。単なる毘沙門天ではなく「勝敵《しょうてき》毘沙門天」、地蔵菩薩は「勝軍《しょうぐん》地蔵」なのである。敵に勝つ毘沙門天と軍《いくさ》に勝つ地蔵尊。このお名前から、戦国武将ら武士たちからの尊崇篤かったという。

脇侍も秘仏、お姿は御正体《みしょうたい》で拝める

実はこの脇侍の両尊も秘仏である。御本尊と同じくお厨子（国宝）の中にお祀りされている。お厨子は中央の御本尊の左右、須弥壇の両端に置かれている。そのため、通常はそのご尊容を拝観することは、御本尊と同じようにできない。やはり三十三年に一度なのである。御開帳を体験された方はおわかりのはずだ。毘沙門天は元々武神であるから、武装、軍装なのは当たり前だが、地蔵菩薩が普通のお地蔵様とは、いささか違うお姿をしておられる。

通常、地蔵菩薩といえば両の手に錫杖、宝鉢や宝珠などを持ち、慈愛に満ちた表情、お姿をしているはず。ところが、この地蔵尊は「勝軍地蔵」の名にふさわしく、鎧兜に身を固め、武器を手にしているお姿なのだ。このお姿、外陣正面の欄間に掲げられている懸仏、御正体というが、そこで見ることができる。檜板に銅板を貼り、レリーフ状で直径が二メートル、重さ四〇〇キロという大きさだ。御正体は中央に御本尊十一面千手観音、向かって右が勝敵毘沙門天、左が勝軍地蔵となっている。

観音様を信ずる者をも守る眷属《けんぞく》二十八部衆

清水寺を参拝された経験をお持ちの方は、本堂内々陣須弥壇で御本尊・両脇侍が収められた正面、左右の三基のお厨子の間に、何やら奇怪な姿をした神々がいたことを思い出してほしい。

あの奇怪な姿をした諸天諸神は二十八体あり、二十八部衆という。眷属である。眷属というのは、一般的には「血のつながりのある者。一族。また、従者や家来」をいう。仏教では、如来や菩薩のいわば家来、常に主尊を護衛するとともに、主尊を信仰する人々をも守護する役を担っている。千手観音の場合は二十八部衆だが、薬師如来は十二神将、不動明王だと八大童子となる。

二十八部衆というのは、衆生が迷いの生死を重ねる三界六道の世界、海・陸・山・川・天空といった分野から、魚・蛇・鳥、そして人間・諸天といった二十八の各分野で大威力を発揮する、いわばそれぞれの分野の、キャプテンともいうべき存在である。いずれもがもともとは、インドの神話などに登場する神々で、釈迦によって教化され、仏法守護の役割を担うようになったとされる。

例えば阿修羅。阿修羅は地下や海底に住むとされる。インド神話では悪神で、常に帝釈天に戦いを挑む闘争心抜群の神。毘沙門天は北方世界の守り神で、大勢の夜叉や羅刹《らせつ》を、いわば警備隊のように率いているとされる。

二十八部衆には、他にも結構我々に馴染みのある諸天、諸神がいる。梵天と帝釈天、四天王（増長天・広目天・持国天・多聞天）、大弁功徳天（弁財天・吉祥天とも）などがいる。こうした二十八部衆が本堂内々陣に並び、御本尊に仕えている。

現在の本堂の二十八部衆は、室町時代後期の応仁文明の乱後に復興された像と、江戸時代初期の寛永年間の火災で損傷・焼失した像を、京都蓮華王院三十三間堂の二十八部衆をモデルに、修復・再造されたものが混在している。すべての像が檜材の寄木

向かって右側の二十八部衆（半分）

向かって左側の二十八部衆（半分）

造。また二十八部衆ではないが、三十三間堂と同じく極彩色の風神・雷神の二神像が須弥壇の両脇斜め上にあるが、これも寛永期の再造で寄木造。なお、二十八部衆の大きさは一三〇センチ台から一四〇センチ台となっている。

これまた余談を。「清水寺の二十八部衆は、三十三間堂のものを模して造られた」というのが定説だが、逆に「三十三間堂の方が清水を模した」という説もある。というのも、三十三間堂の創建は一一六四年、後白河法皇の発願で平清盛が造進した。すると、清水寺の方がはるかに以前から存在していたことになる。「もともとは三十三間堂が清水寺を模し、何度も焼けたりした清水寺が、復興にあたって三十三間堂を模した」というのである。いかにもありそうな話だが、いかがだろうか。

観音は変化仏。さまざまに姿を変え衆生を救う

「普門変化《ふもんへんげ》」。いささか難しい言葉だ。「普門」というのは、「普門品《ふもんぼん》」、つまり「妙法蓮華経観世音菩薩普門品第二十五」、いわゆる「観音経」から来た言葉だ。「普」は「広く行きわたること」「あまねく」といった意味がある。「菩薩は神通力をもって無量の門を開き、種々の身を示現して、一切衆生を円通せしめる」という教えを意味している。観音菩薩、清水寺御本尊の十一面千手観音については、前に詳しく述べたが、ここでは少しだけおさらいをしておこう。

「変化」は、観音経にある「観音菩薩は三十三身をもって衆生を救う」である。「普門」の中にも「種々の身を現じて」とある。観音菩薩はさまざまにお姿を変えながら、変化しながら、我々、悩み苦しむ衆生を救ってくださる存在なのだ。もう一度、観音経の一節を訳したものを紹介する。

「……もし無量百千万億の衆生ありて、もろもろの苦悩を受けんに、この観世音菩薩を聞いて、一心に称名せば、観世音菩薩即時にその音声《おんじょう》を観じて、皆解脱することを得しむ……」とある。さらに、「南海の補陀落山中に住まわれ、多くの菩薩に法楽を説いている」ともある。補陀落山は華厳経の中では「この山は南方にあり、美しい

山水が流れ、樹木は鬱蒼《うっそう》と茂り、芳香が四方に満ちている理想的な美しい国土である」と説かれている。南インドにあるマラヤという山の東に実在する、という説もあるそうだ。

また、「西方極楽浄土、阿弥陀国にあって慈悲の象徴であり、智慧の象徴である勢至菩薩とともに阿弥陀仏の脇侍《きょうじ》として、阿弥陀仏の聖化《しょうけ》を助けておられ、人間世界に現れる時には三十三の姿に変化して衆生を救ってくださる」ともいう。観音様とは、そういう仏様なのである。清水寺にはその観音様、十一面千手（千眼）観世音菩薩をはじめ、数多くの仏様が祀られている。

御本尊を中心に、数多くの仏がおわす清水寺

仏様にランク付けなど、もってのほかだが、やはり清水寺全体の御本尊、本堂にお祀りされている十一面千手観音について、これまで述べてきたこととは違った角度から述べていこう。

観音様は何度も述べているように、三十三とおりに変身するというところから、変化仏といわれる。中国では三十三の観音がいるというような信仰が生まれ、日本に伝

わった。その中心となる観音が六観音とも七観音ともいう、というのはすでに触れた。とりあえず、六観音、七観音をもう一度紹介しておくと、まず観音の本来のお姿であるとされる聖観音はじめ、千手（千眼）観音、十一面観音、如意輪観音、不空羂《ふくうけん》索《じゃく》観音、馬頭観音、准胝《じゅんでい》観音である。余談的な話をすると、観音は勢至菩薩とともに阿弥陀如来の脇侍として左右に侍立している。同じようなお姿で表されることが多いので、どちらがどちらかわかりにくく、よく「観音様はどちらですか」という質問がある。

「感無量寿経」では阿弥陀如来の左が観音菩薩で、右が勢至菩薩となっているが、密教では左右が逆。というわけで、見分けるには、お姿の違いを見極めるしかない。観音は頭上に宝冠をいただき、宝冠に化仏があるが、勢至には化仏の代わりに宝瓶《ほうびょう》がある。さらに阿弥陀如来御来迎の形式の中では、観音は蓮華を持っておられるのに対し、勢至は合掌するお姿が普通とされている。

御本尊と同じ「清水型」十一面千手観音のお前立ち仏

それでは本題の、御本尊様をはじめとする清水寺の諸仏について話を進めよう。

まず、何度もふれた御本尊の十一面千手観音立像《りゅうぞう》。六観音のうちの千手観音と十一面観音、その二つを兼ね備えたお姿で、特に御利益があると、創建以来、崇敬されてきた。清水寺御本尊は原則三十三年に一度しか、御開帳しないという決まりになっている（特例として、平成二十一年と二十二年に、西国三十三所観音霊場巡礼を中興した花山法皇の一千年忌の特別行事として行われたように「特別御開帳」もある）。

いちばん最近の定例の御開帳は、平成十二年（二〇〇〇）だった。三十三年に一度というのは、もちろん観音様が三十三とおりにお姿を変えて、というところから来ている。だから、次回の御開帳は原則では二〇三三年ということになる。その代わりといってはなんだが、通常は、秘仏の御本尊よりわずかに小さくはしてはいるが、御本尊そのままのお姿をした「お前立ち仏」を、御本尊様が収められているお厨子の前にお祀りしている。

この十一面千手観音は、四十二臂のうちの左右二本のお手を高くかかげ、その手に如来像の化仏をいただくお姿で、「清水型」といわれることは、すでに説明した。実は同じように両の手を高くかかげるこの形は、日本では清水寺から、と考えられおり、そのために「清水型」と呼ばれるわけだが、中国には千本のお手に一体の化仏という形であるそうだ。日本の清水型観音でもっとも古いお像は、美術史的にいえば藤原時代、つまり平安時代の中・後期十一、二世紀頃に作られた、奥州藤原氏が創建した岩手県平泉の中尊寺にある。

ということは、この時代すでに清水型観音の信仰が遠く奥羽、東北の地にまで広がっていたことを証明するものといえるだろう。

そのお前立ち仏も、実は一体だけではない。お前立ちは秘仏の御本尊が、どのようなお姿かを示すために、お厨子前に立っていただいているわけだから、出開帳などのために、清水寺では大小十数体のお前立ち仏、お身代わり仏がある。通常、皆さんが清水寺を参詣して、本堂外陣、礼堂から内々陣の須弥壇を拝観した時、中央にある御本尊の収められているお厨子の前に立っておられるのが、数あるお前立ち仏の代表的なものである。

このお前立ち仏は、これは多分、清水寺焼失のいちばん最近の再建、いちばん最近といっても今から三百七十年ほど前、寛永の再建、徳川幕府三代将軍家光による再建だが、寛永六年（一六二九）に焼けた後、寛永十年（一六三三）の再建時に造られたものであろうと思われる。像の高さは一四二センチ、秘仏の御本尊よりは六センチほど小さい。檜材寄木造で、水晶製の玉眼をはめ込んである。表面は金箔を漆で塗る、いわゆる漆箔《しっぱく》仕上げとなっている。

出開帳用に十数体の清水型十一面千手観音があると前述した。その中の一体は通常は拝観できない本堂内々陣の、御本尊お厨子の背後にある裏堂に収められている。八月十四、十五、十六日のお盆の時には千灯供養があり、普段は公開されていない本堂内々陣を特別公開するが、その時だけは拝観できる。素朴な感じの素晴らしいお像だと思うので、機会があれば是非ご覧になることをお勧めする。木造、檜材の寄木造、大分剥落しているが金箔仕上げで、お像の高さは一〇六センチ、桃山時代の制作と考えられる。子安塔（塔頭の一つ、泰産寺にある小さな三重の塔）の御本尊、朝倉堂の御本尊もやはり清水型の十一面千手観音である。

本堂内々陣の諸仏、諸天、諸神たち

さて、次は本堂内々陣に祀られている二十八部衆と風神・雷神像を紹介しよう。

二十八部衆とは、千手観音の眷属のことをいう。眷属、千手観音に付き従ってお守りし、千手観音を信じる人々をもお守りするという守護神で、天部、天界に住む神々である。この二十八部衆の中には仏法守護の最高神とされる帝釈天・梵天をはじめ、四天王、阿修羅といった、よく知られた神々も含まれている。ほとんどが、古代インドのヒンドゥーやバラモンの神々だったのが、仏法伝来の途中で仏法守護の神々に変わっていった。

四天王という言葉はよく聞いておられるだろうし、自分でも使うことがよくあると思う。では、四天王とはどういう神なのか。四天王というのは、やはり二十八部衆の一員でもある、仏法守護の最高神帝釈天（今は亡き渥美清主演、山田洋次監督の映画「寅さんシリーズ」で、主役の寅さんの故郷は東京・柴又の帝釈天の門前だった）が住まう須弥山（しゅみせん、とも、すみせん、ともいう）という山の中腹で、東西南北の四方をお守りする護法の神々である。東が持国天、西が広目天、南が増長天、北が多聞天。多聞天は四天王から離れて単独で祀られる場合は「毘沙門天」という名に変わる。大体が甲冑をつけ忿怒《ふんぬ》の形相をした武将の形で、足下に邪鬼を踏みしめた姿となっている。

清水寺は本堂と奥の院の二つの場所に、二組の二十八部衆プラス風神・雷神像がいる。二十八部衆に風神・雷神、そして御本尊、両脇侍、合わせると三十三体のお像が須弥壇にあるというのも、観音様に由来するというのにお気付きだろうか。

さて、二組の二十八部衆だが、本堂の方が大きく、ほぼ一三〇センチ強からおよそ一五〇センチの高さ。奥の院は六七センチから八四センチと大体、本堂の半分か三分の二ほどの大きさとなっている。風神・雷神も同じく本堂が大きく、本堂の風神が一〇四センチ、雷神が九四センチで、奥の院は風神が六〇センチ、雷神が五六センチとなっている。

清水寺二十八部衆は三十三間堂二十八部衆を模した慶派の作か

本堂二十八部衆は須弥壇中央の御本尊お厨子と、左右両脇に毘沙門天、地蔵菩薩両脇侍のお厨子があるが、そのお厨子とお厨子の間に十四体ずつ、二十八体が祀られている。様式からすると、清水寺本堂の二十八部衆は、同じく京都にある天台宗門跡寺院の妙法院三十三間堂の二十八部衆と、よく似ていることが、専門家から指摘されている。三十三間堂の二十八部衆は鎌倉時代中期、十三世紀中頃の制作とされ、仏師運慶や快慶の流れを汲む「慶派」といわれる仏師群の制作した、仏像彫刻史上でも屈指の名作とされている。

清水寺の二十八部衆は、清水寺の受難の歴史、火災による焼失などのためか、大半が室町期のもので、一部桃山期に補充され、さらに寛永の火災後の復興に合わせて制作されたと思われる。いずれも玉眼をはめ込んだ檜材、寄木造、漆箔彩色の像だ。慶派の仏師群というのは京都に残り、その後も制作に当たっているので、清水寺の二十八部衆も、この慶派の流れを汲む仏師群の制作したものと考えていいと思われる。

ただ近年、三十三間堂の二十八部衆の胎内から「清水寺の二十八部衆を模した」という意味の文章が出たという話もあったようだ。すると、元は清水で、三十三間堂がそれを模し、さらに清水の火災後、今度は三十三間堂を清水が模したということも考えられる。今後の研究者の研究深化を注目したい。

奥の院の二十八部衆と風神・雷神は、すべてが江戸時代の寛永復興期に制作されたものだ。こちらも玉眼を入れた檜材、寄木造、漆箔彩色の像。配置は御本尊と両脇侍のお厨子の間に二十八部衆があるということで、本堂とほぼ同じ。胎内の墨書から、慶派の流れを引く「七条仏所」のいわゆる七条仏師群によると見られる。

また余談を。実は風神・雷神像は手足の指の数が、人間と違うのに気付かれた人もあるはず。風神が手の指四本、雷神が三本。足の指は両方とも二本ずつとなっている。出開帳の際によく質問がある。「なぜなのですか」というのだが、正確な答えはない。というのも、「風神・雷神」でよく知られているのは多分、京都の建仁寺の屏風図として伝わる「風神雷神図」だろう。中国からお茶を伝えた栄西禅師が開かれた禅宗のお寺で、臨済宗建仁寺派の大本山、祇園の真ん中にある寺だが、ここに桃山時代から江戸時代初期に活躍した俵屋宗達という絵師が描いた「風神雷神図屏風」という国宝の大屏風図があり、この風神・雷神のことだと思う。

この宗達の描くところの風神・雷神は、どちらも手足の指が五本ずつある。だから、これは三十三間堂の風神・雷神もそうだが、手の指三本・四本、足の指二本というのは、多分に像を造った仏師たちが、異形でありながら通力をもつ風神・雷神の姿、力を強調するための表現だろうと思われる。これが正解かどうかはわからないが、清水寺に出入りしている現代の仏師の方に聞いても、似たような答えだった。

奥の院御本尊は彫像としては日本に唯一か

次は二〇〇三年、平成十五年に寛永大火災からの再興三百七十年を記念して御開帳となった、それも二百四十三年ぶりというお姿を現された奥の院御本尊「三面千手観音坐像」について。

奥の院は、清水寺の発祥の場所。ご開山の賢心、後の延鎮上人が行叡居士と出会い、行叡居士の庵を譲られ、そこに観音像を安置して寺を開いた、とされているが、まさにその草庵のあったと見られる旧跡に建つのが奥の院である。「奥の千手堂」と呼ばれるように、本堂のミニ版で、同じように舞台を持ち、御本尊も千手観音である。ただし、こちらの千手観音は本堂の「清水型」の千手観音ではない。本堂の立像に対し坐像である。

通常は「三面千手観音」といわれるが、その三面は本面の左右に脇面二面を持つことから名づけられた。向かって右が怒りをあらわにした忿怒面、左が慈悲を表すお顔の菩薩面で、本面を現在とし、右を過去、左を未来として、過去・現在・未来を見通し、衆生を救済する威神力を示すお顔ともいう。実はさらに頭上には二十四面のお顔を持っておられる。だから、正確には「二十七面千手観音」とでもいうべき姿である。

この千手観音は、前述のとおり、二百四十三年ぶりの御開帳を平成十五年（二〇〇三）に行った。なぜ二百四十三年間も御開帳がなかったのかははっきりとしていない。ただ、なぜ御開帳することになったかは、ちゃんとした理由がある。何度も書いたが、清水寺は本堂御本尊を三十三年に一度御開帳する習わしで、一番最近の御開帳はこれも前述したように平成十二年（二〇〇〇）だった。その時、故西村公朝先生にお世話になった。この西村先生が「奥の院御本尊のご様子も一度見ておこう」ということで、ご覧になり、「非常に珍しいお姿の千手観音様だ。ぜひ御開帳すべきだ」といわれた。文化庁からも「胎蔵界曼荼羅の中の絵としてはあるが、彫像としては非常に稀《まれ》。ひょっとすると日本に唯一かも」ということで、一も二もなく重要文化財指定を受けた。それで御開帳の機会をうかがっていたところ、平成十五年（二〇〇三）が寛永の再建から三百七十年ということで、奥の院御本尊御開帳という運びとなったというわけだ。今後の御開帳予定はまだ立っていない。

秘仏のお前立ちも波乱に満ちた境遇を過ごす

この秘仏御本尊は鎌倉時代の慶派の作だが、秘仏だけにやはりお前立ち仏がある。実はこのお前立ちが今回の御開帳の時まで、御本尊お厨子の前の「お前立ち」の位置にはなかった。そのため、御本尊様のお姿がどんなふうなのか、現代の清水寺僧侶も知らなかった。西村先生から「こんなお姿で」と聞かされたお寺のお坊さんが、「そんなお姿のお像が確かあった」ということで、本来のお前立ち仏の役割に戻っていただいたというエピソードは前述した。明治の廃仏毀釈以後の寺内の混乱から、本来あるべき場所から動かされたらしい。廃寺、廃院となった塔頭の仏様たちは一時期、現在「経堂」といわれているお堂が倉庫代わりとなって、そこに置かれていたが、奥の院御本尊お前立ちも経堂の片隅に置かれていたらしい。昭和五十九年（一九八四）に大講堂ができ、そこに宝蔵殿が造られたときに蔵も造られ、そこに置かれていた。それが平成十二年の本堂御本尊御開帳を機に、再び日の目を見たというわけである。お前立ちは寛永の再建時に造立されたと思われる。

奥の院の御本尊、お前立ちともに、どんな点が珍しいのか。三面というが、本来だと「二十七面千手観音坐像」というお姿であることが第一点。そして、普通は千手観音のお手の数は、胸前で両手を合わせる合掌手二手と、腹前で両手を組み合わせて定《じょう》印《いん》を結ぶ二手に、左右十九本ずつ計三十八本の脇手を加えて四十二本という形なのだ。これがわが国の千手観音像で一般的な四十二臂像である。ところが、秘仏御本尊の方はこれに準じているが、お前立ち像は脇手が三十六本しかない。ということは四十臂で二本少ないことになる。ただ、お前立ちと秘仏御本尊は、この手の数に違いはあるが、お前立ちが御本尊のお姿をほぼ忠実に模してあることは間違いないのである。このような三面の千手観音像は、わずかながら立像があるらしいが、坐像としては極めてまれ、というか本邦唯一の存在と思われる。

さらにもっと詳しく、どのような点が注目すべきかを。

こうした二十七面の千手観音坐像というのは、胎蔵界曼荼羅の虚空蔵院にそのお姿がある。多分、御本尊とお前立ちの両像ともに、この種の曼荼羅図を彫像化したものと思われる。本面と脇面ともに三眼であり、腹前で両手を組む定印の形が、通常の千手観音像では両手の手のひらに鉢を載せる宝鉢手《ほうはつしゅ》で、指は左右の第二指（人差し指）を立てない法界定印と呼ばれる形を取るのに対し、この二十七面千手観音坐像はいわゆる阿弥陀定印という第二指を立てる形を取っている点も、曼荼羅図を忠実に模している。こうした点が西村先生をして「御開帳を」と言わしめたのであろう。

御本尊の像高は六三・九センチ。鎌倉期の代表的仏師、快慶の諸作と類似した点が多くあり、快慶作か彼の周辺の仏師によるものと思われる。作像方法は寄木造ではなく、檜と思われる一材から頭と体幹部を彫りだし、制作過程で頭部の両耳後ろを通る線でいったん前後に割り矧《は》ぎ、それを合わせるという「割矧造《わりはぎづくり》」という技法が用いられている。目は水晶製の玉眼、表面は金泥が塗られている。

なお御本尊は前述のとおり、次の御開帳予定は決まっていない。開催場所も決まっていないが、出開帳の際に不定期に公開されることはある。日常的には拝観できる機会はない。

御本尊は鎌倉時代初期の制作。快慶の流れを伝える慶派の檜材寄木造、漆箔仕上げ。お前立ちの方も同じ木造、表面も漆で金箔を貼る漆箔仕上げ、眼は水晶製の玉眼、寄木造で、こちらは奥の院の再興時期と同じく江戸時代初期、寛永十年（一六三三）頃とみられる。像高は御本尊よりやや小ぶりにしてある。

奥の院脇侍も本堂と同じく毘沙門天と地蔵菩薩

脇侍も秘仏であることは、本堂と奥の院は共通している。両方とも、毘沙門天と地蔵菩薩ということも共通だ。本堂の脇侍や二十八部衆についてはすでに記したので、ここでは奥の院御本尊に次いで奥の院の脇侍と二十八部衆について触れる。

こちらは本堂と違って、地蔵菩薩は軍装ではない。普通の地蔵菩薩の姿である。奥の院御本尊は平成十五年（二〇〇三）に、二百四十三年ぶりの御開帳だったが、両脇侍ともやはり秘仏としてお厨子の中に収められていた。しかし、この御開帳後は御開帳期間が終わっても、両尊とも各地で行われた出開帳に出展されている。平成二十四年（二〇一二）の現在は、奥の院が「平成の大修理」で解体修理中ということもあって、とりあえず御本尊とともに宝蔵殿へ収蔵されている。

毘沙門天は鎌倉時代末期の作、像高は一一二・四センチ。地蔵菩薩は平安時代末期の作と思われる。像高は八七・七センチ。両尊とも玉眼ではなく彫眼となっている。

拝観時に出会うことのできる諸仏、諸天、諸神にも見るべきものは多い

これからは、通常お参りした際に出会うことのできる諸仏、諸天、諸神について説明していこう。

清水寺は奈良仏教の法相宗のお寺として開創され、平安時代になると平安仏教の一つ真言宗との縁が深くなり、法相・真言の二宗兼学の寺となった。また、寺千二百年余の歴史の中で、浄土の教えに傾倒する僧侶も出たようで、仏像にはそうした影響が色濃く出ている。つまり、密教系と顕教系の多様な仏様たちがおわすのだ。

まず、拝観者のほとんどが清水寺を訪れる際に、門前参道の土産物店の間を通って来山するケースが多いはずだ。清水寺境内のとっかかりといっていい、仁王門前の石段の左側に「善光寺堂」という小さなお堂がある。ここの御本尊様は如意輪観世音菩薩である。参拝者が清水寺で一番最初に出会える仏様である。端整なお顔だ。如意輪観音は「如意宝珠」（意の如くなるという通力をもつ宝珠、宝の珠）と、仏の教えの象徴である「宝輪」との力で苦を除き、御利益を与えてくださるという観音菩薩である。

如意輪観音信仰は奈良時代から盛んだったようで、お姿は二本の腕の二臂像と、六本の腕の六臂像があり、平安時代以降は六臂像が主流となっている。清水寺善光寺堂の如意輪観音は、鎌倉時代末期のものと見られる。像高は九四センチ、檜材の寄木造、眼は水晶の玉眼、漆で金箔を貼る漆箔仕上げである。善光寺堂は外から中を拝観できるようになっているので、その気になれば簡単にお目にかかれる。

若い男女に人気の「首振り地蔵」

この善光寺堂の右に小さなお堂があり、堂前には頭巾（帽子のこともある）を被り、前掛けをした石造りの坐像が鎮座している。「首振り地蔵」という木札がある。

ちょっと変わった存在のお地蔵さまである。「首振り」と名づけられているとおり、頭部が三六〇度回転することから、こう呼ばれている。地蔵とされているが、正確にいうと、実はお地蔵さまではない。この石像、頭の頭巾を取るとちょん髷《まげ》が載っている。前掛けの下の手には開いた扇子を持っている。

もともとは江戸時代後期だろうか、祇園の幇間《ほうかん》、つまり座敷で芸を見せたり、芸舞妓衆と客の旦那衆との間を取り持つ男芸者、太鼓持ちだった鳥羽八という男である。この鳥羽八、芸舞妓たちを親切に世話してやる人のよい男だった。その人の良さが高じて、借金で首が回らなくなり死んだという。その死を哀れんだ祇園の芸舞妓たちが、鳥羽八の像を刻んで清水寺へ寄進したというのである。

以後、借金取りから逃れられる、とか、願いをかける方角に首を回して祈れば願いが叶うとかの伝説が生まれた。とくに、若い男女の縁結びに御利益ありとかで、今でも熱心なお参りの人が絶えない。

赤門の仁王像は京都で最大級の大きさ

通称・赤門といわれ、清水寺の正門ともいえる仁王門で、寺を守る仁王さん、金剛力士。清水寺の仁王門といえば、京都市中からでもよく見えるが、この仁王門に陣取る金剛力士は、京都市内のお寺にある数多い仁王さんの中でも最大のものだ。口を開けた阿形像《あぎょうぞう》、口を閉じた吽形像《うんぎょうぞう》ともに像高は三六五センチという大きさ。檜材の寄木造で、様式から見て鎌倉時代末期から南北朝時代初頭にかけて、十四世紀初めから中盤にかけての制作と見られる。力感あふれた像である。仁王門をくぐる際、金網越しだがしっかりと見ることができる。

清水寺といえば舞台、という意識が参拝者に強いせいか、西門《さいもん》などは通過してしまう人が多い。確かに一般公開されていないため、そこにあるお像に気づく人は稀だが、ここにも二体の天像がある。これは遠目ながら拝観しようと思えばできるので紹介しておこう。四天王のうちの二天、「増長天」と「持国天」の立像がある。向かって右が持国天で像高二二〇センチ、左の増長天が像高二一五センチで、どちらも慶派の作で鎌倉時代後期の様式。檜材の寄木造。元々は彩色があったが、現在は彩色は薄れている。西門の再興は江戸時代初期の寛永年間で、両像はおよそ三百年ほど古いことになる。

轟《とどろき》門にも四天王の二体、広目天と持国天

本堂に入る前、拝観券をチェックする場所があるが、これが轟門である。門の前に轟橋という橋が架かり、かってはその下に轟川という流れがあったためだが、「轟」は単に流れの音を意味するのではなく、お釈迦様の教えを「轟かす」意味を持つと考えるべきだろう。この門には「門を守り、本堂を守る」ため、四天王のうちの二天、広目天と持国天が鎮座している。平安時代、十二世紀初頭の仏像彫刻の特徴がよく現れている像だ。両像とも立像で、像高は広目天が一七〇センチ、持国天が一九二センチ。檜材の寄木造。現在は白木のように見えるが、制作当初は彩色があったらしい。向かって右が広目天、左が持国天で、かつては四天王として四体そろって制作されたものが、二体のみ祀られることになったものと見られる。

本堂須弥壇の御本尊をはじめとする諸仏、諸天、諸神についてはすでに説明した。本堂を抜けて奥の院に行く途中に釈迦堂と阿弥陀堂がある。この両堂の御本尊様、釈迦如来坐像と阿弥陀如来坐像も、少し遠目ながら拝観できる。釈迦如来坐像は像高八九センチの檜材寄木造、漆箔がほどこされている。平安時代後期の特徴を持っているが、光背や台座はともに後世、桃山時代に造られたものである。とくに光背は、桃

恋の成就を願う若者に人気の首振り地蔵

京都最大級の仁王像（右・開口阿形、左・閉口吽形）

山期の木造彫刻の逸品といえる。釈迦如来といえば、脇侍は普賢と文殊の両菩薩。清水寺釈迦堂の御本尊釈迦如来の両脇にも普賢菩薩と文殊菩薩が配されている。御本尊が平安末期の作なのに対し、鎌倉末期の様式だと思われる。両像とも像高は三二・五センチで、檜材、寄木造、玉眼はめ込み、彩色の像となっている。普賢が白象に、文殊が獅子に乗るお姿が普通だが、この両像とも白象、獅子が蓮華座の下に圧縮されたような珍しい形になっており、遠目では、いささかわかりにくい。

阿弥陀堂の御本尊は、当然のことながら阿弥陀如来。清水寺には本堂に次ぐ大きなお堂として阿弥陀堂がある。このお堂の中央、内陣に祀られている阿弥陀如来は、いわゆる丈六の大きさ。丈六といえば一丈六尺で、ほとんどの丈六の仏様は結跏趺坐《けっかふざ》したお姿、坐像で表されるため、その像高は八尺、ないしは九尺というのが標準とされている。清水寺の阿弥陀如来は一九二センチである。様式から見ると、阿弥陀堂の再建された時期、寛永頃の制作と考えられる。檜材、寄木造、玉眼はめ込み、漆箔仕上げで、光背は如来型の千仏が配されており、西方阿弥陀浄土の主宰者らしい豪華さを示している。

一般公開していない諸仏にも逸品が

清水寺には、参詣して気をつけて探訪すれば、これまで記述してきた諸仏は、ほぼ拝観できる。ただ、通常は秘仏として拝観できない諸仏にも、素晴らしい仏様がある。それらの仏様についても少し触れておこう。これらの仏様方は出開帳、つまり展覧会の際、拝観できる機会があるので、ぜひ機会あれば見てほしい仏様である。

清水寺の塔頭の一つ「慈心院」の本堂にあたるところを「随求堂」という。いま慈心院そのものは明治の廃仏毀釈の波を被り、なくなってしまって随求堂のみが残っている。清水寺に最近お参りした方は、「胎内めぐり」があるところといえば、思い出してもらえるだろう。ここの御本尊はやはり秘仏で、大随求菩薩という。坐像である。この菩薩は密教に登場する。清水寺が法相宗と真言宗の二宗兼学だったことをはっきりと教えてくれる仏様でもある。「随求陀羅尼経」というお経に登場するが、「随求」という意味は、「人々の求願、求めや願いに随《したが》って、その求願を叶えてくださる」御利益絶大な仏様とされている。この仏様の陀羅尼、お経だが、これを他人が誦しているのを聞くだけで、あらゆる罪障が消え去るとされているほどである。この陀羅尼の一節、真言を書写してお守りとして身につけておくと、あらゆる災厄から守ってくださるといわれる。このため、この御札は後の「お守り」の元祖とされる。この菩薩は、そうした御札に絵像としてはよく描かれることがあるが、お像＝彫刻としては非常に珍しいものとされている。慈心院という塔頭は、江戸時代中期に非常に荒れた。その頃、大坂和泉の安楽寺というところのお坊さんで、熱心に大随求菩薩様を信仰していた盛松権律師という方が、清水寺に来られ、慈心院の再興を目指した。享保年間というから十八世紀前半、この方が建物の随求堂を再興したと同時に、享保十八年（一七三三）に開眼供養された仏である。

大随求菩薩は元禄様式、優美華麗な姿

八臂の坐像で像高は一一〇センチ。八臂は向かって右下から上手の方へ、釈迦説法のシンボル宝輪を持つ手、経巻を持つ手、如意珠と宝幡を持つ手、三叉矛を持つ手。左も下から金剛杵《しょ》、宝剣、蛇、大斧となっている。特に珍しいのが蛇。普通はこの手には羂索《けんさく》といってロープ、綱を持っている。人々の苦や悩みを絡め取ってくださるという役割なのだが、これが蛇になっている。この蛇も羂索と同じように、人々の苦や悩みを絡め取ってくれるという役割なのだろう。

この大随求菩薩様のお像で特徴的なのは光背だ。豪華な七重の獅子座蓮台に坐され、円相の光背には、梵字（古代インドのサンスクリット文字）で大随求陀羅尼の字句を一字一字、蓮華台上に載せ同心円状に金泥でびっしりと書き込んであるという凝りようである。

享保に開眼されているが、様式としては江戸文化の粋といってもいい元禄期の様式で、豊満なお姿は金泥、金箔といったきらびやかさとなっている。眼は水晶の玉眼、檜材、寄木造。銅製メッキの宝冠や幡などの金工技術も元禄様式を伝える素晴らしいものである。

重文級の仏像群を宝蔵殿に収蔵

この他にも同じように出開帳で出展されることもある像として、重要文化財の指定を受けている「十一面観世音菩薩立像」がある。樟材の一木造、一六八センチで美術史的には藤原時代中期後半制作と見られるので、平安時代中期の作といえるだろう。「毘沙門天立像」も同じで、平安時代中期作。これもまた、重要文化財指定を受けている。像高は七七・五センチで檜材の寄木造、截金《きりかね》文様入り、極彩色《ごくさいしき》という非常に華麗なお姿である。もともとは慈心院で大随求菩薩の脇侍として吉祥天と対で安置されていた。いまは十一面観世音、毘沙門天ともに宝蔵殿内に安置されている。

一般公開されずに、同じく宝蔵殿に安置されている仏としては、本来は塔頭の一つ「大日堂」（真福寺）の御本尊様である「大日如来坐像」がある。この仏像も、かつて清水寺が法相・真言の二宗兼学だったことをはっきり示している像である。これは像高が二二三センチという巨大な坐像で、これも重要文化財。智拳印《ちけんいん》を結ぶ金剛界の大日如来の姿である。平安中期から後期にかけての作とみられる。檜材、寄木造、漆箔仕上げで、まるで宝蔵殿の御本尊のように祀られている。

このほか、やはり一般公開されていないお像がいくつかある。朝倉堂内に安置されている「文殊菩薩騎獅《きし》像」もそうした像の一つ。元は清水寺の鎮守だった地主神社の本地仏だったが、神仏分離で地主神社が独立した際、清水寺で預かることになった仏である。その顔立ちや、貞和五年（一三四九）に清水寺は大火災があり、鎮守社も焼けており、その後に地主神社が再建されたときのものかもしれないとされている。貞和年間だと、十四世紀半ば頃の制作となる。文殊は「三人寄れば文殊の知恵」のたとえで知られているように「智慧の文殊」といわれ、仏の智慧を象徴する菩薩である。

念のために記すと、相棒の普賢菩薩は、仏様の理法・修行面を象徴する菩薩である。

この清水寺の文殊は木造で、目は水晶製の玉眼。頭部は前後を合わせる寄木手法で造られていることは確認されているが、体幹部の構造ははっきりとしていない。表面は黒漆で下地を作り、金箔を細かく砕き膠《にかわ》で溶いて塗り上げる、いわゆる金泥を全身に塗り、着衣には金箔を切って作る細かな文様である截金文様を施してある。さらに一部の個所は、胡粉《ごふん》で下地を盛り上げて文様を作る盛り上げ文様の手法がとられている。像高は四五・四センチと小ぶり。

大黒天らしくない不思議な大黒天半跏像

通常は宝蔵殿にある二像も、出開帳ではよく公開されている。「不動明王立像」と「大黒天半跏像」である。「不動明王像」は平安時代後期の作で、像高は九六・六センチ。頭頂から足下に至るまでの主要部分は、ほぼ一本の木から彫り出す一木造である。一木造は十世紀以前の古い木彫像に多い手法だが、この像の特徴からすると、平安初期のものと比べ、量感に乏しく顔の作りなどもおとなしいため、平安後期の作と思われる。残念ながら、虫食いなどでかなり損傷している。

「大黒天半跏像」は、通常の大黒天像とは形が非常に異なっている。通常、大黒天は打ち出の小槌を右手に持ち、左手は肩に掛けた大きな袋の口を握り俵に乗った姿で表される。ところが、この半跏姿の大黒天は、頭部に冠をいただき、両腕はフリルのついた着物をまとって、右手には袋を提げ、左手には宝棒を持ち、半跏つまり左足を踏み下げて坐る姿で、このような大黒天像は非常に珍しい。注目は左手の棒。宝棒で武装している。

大黒天はいまでは福や財をもたらす、いわゆる福徳神とされている。しかし、本来は寺院の守護や豊穣《ほうじょう》を司る神で、かつては厳めしい武装神の姿で表されていた。清水寺に残されているこの半跏像の大黒天も武装神の名残をとどめた姿で、武装神から福徳神への移行期のものと思われる。像高は五四・三センチ、檜材の寄木造。本来は彩色があったようだが、現在は剝落している。平安時代後期の作らしいが、こうした過渡期的な姿の大黒天は、貴重なものといわれる。

京都国立博物館に寄託の観音・勢至菩薩も重文

さらに重文指定を受けている清水寺の仏様としては、現在は京都国立博物館に寄託

一般の大黒天に比べ厳しい表情の大黒天半跏像

されている「伝観世音菩薩立像」像高一〇五センチと「伝勢至菩薩立像」像高一〇四センチがある。本来は阿弥陀堂御本尊の阿弥陀如来の脇侍だったが、いまは京都国立博物館へ寄託されている。

普通の阿弥陀三尊像では、脇侍の観音菩薩は蓮華を両手に持ち、勢至菩薩は合掌している姿で表されることが多いが、清水寺の両尊は薬師三尊の脇侍である日光菩薩と月光菩薩と同じ姿となっている。やや丸顔で張りのある頬をしておられ、均整の取れた姿は、鎌倉時代初期の慶派の仏師による名作とされている。檜材、寄木造、玉眼入り、布下地漆箔仕上げとなっている。

第七章 古典、軍記物、お伽草子、芸能……、清水寺はどこにでも

清水寺ほど各時代を通じて、いろいろな文学をはじめ、説話集や歌集、今様《いまよう》、軍記物、お伽草子、物語、謡曲（能）狂言、説教節、幸若、浄瑠璃・歌舞伎、仮名草紙、滑稽本、はては江戸期の古典落語にまで、題材を提供している寺は、ないのではなかろうか。

『一寸法師』や『東海道中膝栗毛』にも

各時代ごとに、どんな作品に取り上げられているか、例を挙げてみよう。

【平安時代】歌集では「伊勢物語」「赤染衛門集」など。日記・随筆では「枕草子」「蜻蛉日記」「和泉式部日記」「更級日記」など。物語は「落窪物語」「大和物語」「源氏物語」「堤中納言物語」「今鏡」など。漢詩文で「菅家文草」「清水寺縁起」「本朝文粋」「本朝麗藻」「本朝無題詩」「新撰朗詠集」「和漢兼作集」。説話の「今昔物語集」。変わったところで、平安後期の今様歌謡集で、後白河法皇が撰した「梁塵秘抄《りょうじんひしょう》」。

【鎌倉時代】歌集の「新古今和歌集」「風葉和歌集」。この時代に流行った軍記物で「平治物語」「平家物語」「源平盛衰記」。説話や随筆では「古事談」「宇治拾遺物語」「十訓抄」「古今著聞集」「沙石集」「撰集抄」「徒然草」。

[室町時代]　この時代に生まれた新しい分野がある。謡曲（能）狂言だ。まずこの分野から。「田村」「熊野」「盛久」「花月」「西行桜」「遊行柳」「花盗人」「武悪」「居杭」「成上り」「いもじ」「二九十八」「経書堂」「お茶のみず」とある。

この時代もう一つ、お伽話を集めた「お伽草子」だ。この、お伽草子と物語の類を拾ってみよう。すごい数がある。「糸桜の物語」「ゑんがく」「扇流し」「大橋の中将」「おもかげ物語」「蛙の草紙」「唐崎物語」「観音の本地」「義経記」「貴船の物語」「朽木桜」「賢学草子（日高川）」「高野物語」「小男の草子」「一寸法師」「胡蝶物語」「子易物語」「さいき」「さよひめの草子」「しぐれ」「浄瑠璃物語」「墨染桜」「千手女の草子」「大黒舞」「滝口物語」「田村の草子」「月かげ」「天狗の内裏」「常磐物語」「鼠の草子」「橋弁慶」「美人くらべ」「一もときく」「伏屋の物がたり」「弁慶物語」「梵天国」「松虫鈴虫賛嘆文」「物くさ太郎」「師門物語」「雪女物語」「熊野物語」「李娃」「六代」。なんとこんなにもある。

さらに、この時代に生まれた芸能に説教節や幸若があるが、そこには「敦盛」「景清」「山椒大夫」「信田《しのだ》」「俊徳丸」「伏見常葉《ときわ》」などがある。このほか「閑吟集」「清水寺縁起絵巻」などもある。

［江戸時代］この時代の初期に大成した浄瑠璃や歌舞伎の題材となっている。「一心《いっしん》二河白道《にがびゃくどう》」「新薄雪物語」「出世景清」「田村将軍初観音」「午王《ごおう》の姫」。仮名草紙や滑稽本では「恨みの介」「東海道中膝栗毛」「浮世風呂」。落語にも取り上げられ、「いとはんの殿集め」「はてなの茶碗」があり、そのほか「誹風柳多留」がある。

各時代を通じて、これだけ多くの文学や芸能に取り上げられている清水寺。どんなふうに取り上げられているのか、いくつか例を挙げてみよう。

「今様」といわれるものがある。「今様歌」ともいわれる。平安中期に生まれ、鎌倉時代にかけて流行した新しい歌謡のこと。形式としては、短歌形式や七五調の十二音の句を四句連ねるものなどがある。代表的なのは後者の七五調十二音のもの。白拍子や傀儡女《くぐつめ》、遊女といったどちらかといえば庶民、下層階級のものであったが、貴族の間でも流行った。なんと時の最高権力者でありながら、今様好きだった後白河法皇は、これら当時の〝流行歌集〟を集成して、『梁塵秘抄』を編纂している。

その『梁塵秘抄』の中に、清水詣での状況がうたわれている。故横山学芸顧問の解釈から紹介しよう。

観音験（観音の霊験）を見する寺―清水、石山、長谷の山
何れか清水へ参る道―（東）京極（大路）下りに五条まで
石橋よ。（鴨川渡り）東の橋詰四ツ棟・六波羅堂、愛宕《おたぎ》寺大仏、（六道珍皇寺）深
井（冥府《めいふ》との間を行き来したという平安時代初期の参議・小野篁《たかむら》が、冥土に通うた
めに使ったという深い井戸）とか
それを打過ぎて八坂寺（法観寺）
一段上りて見下せば、主典大夫が仁王堂、塔の下天降り末社。
南をうち見れば、手水棚手水とか
（本堂御本尊の）お前に参りて恭敬礼拝して見下ろせば、この瀧は様がる瀧の、興
がる瀧の水

この『梁塵秘抄』に収められている今様の清水詣での状況は、後の室町時代に描かれた『清水寺参詣曼荼羅』そのままである。

『梁塵秘抄』に室町時代の能『熊野』の一節を重ね合わせてみると、その頃の参詣路が、ますますはっきりしてくる。同じく故横山学芸顧問の解釈で、『熊野』を紹介し

よう。

（鴨川の）河原おもてを過ぎ行けば、急ぐ心の程もなく車大路や、六波羅の地蔵堂よと伏し拝む。観音も同座あり。闡提《せんだい》救世（一人でも成仏できない衆生がいる限り自分は成仏せずに救済の仕事をし続ける観音の大悲）の方便あらたかにたらちね（垂乳根＝生母）を守り給へや。げにや守りの末すぐに頼む命は白玉の愛宕の寺もうち過ぎぬ。六道の辻とかや。げに恐ろしや、冥土に通ふなるものを。心ぼそ鳥辺山、（火葬の）煙の末も薄霞む。声も旅雁の横たはる、北斗の星の曇りなき御法の花も開くなる経書堂はこれかよと。春の隙行く駒の道、これぞこの車宿り、馬留め。

ここより花車おりゐの衣、播磨潟・飾磨の徒路。清水の仏の御前に念誦して母の（病気平癒を）祈誓を申さん。

『梁塵秘抄』と『熊野』を通して見ると、五条の橋を通り、六波羅蜜寺の横から六道珍皇寺、法観寺、（産寧坂）、経書堂、馬駐、仁王門という参詣路がちゃんとあったことがよくわかる。
十返舎一九《じっぺんしゃいっく》という江戸時代の有名な戯作者、例の『東海道中膝栗毛』の中で、弥次郎兵衛と北（喜多）八を、ちゃんと清水詣でさせている。江戸者の見た清水像が面白い。清水寺参詣の部分だけを紹介する。

（前略）かくうち興じ、はやくも清水坂にいたるに、両側の茶屋、軒ごとにあふぎたつる田楽の団扇の音、喧すきまで呼びたつる声ごえ「モシナお入りなされ。茶ちやあがつてお出んかいな。」「めいぶつ。なんばうどんあがらんかいな。おやすみなされおやすみなされ。」
弥次「何ぞくつてもいゝが、もつとさきへいつてからのことにしよふ。」
ト（※トは「卜書き」の意）ほどなく清水寺にいたり、けいだいをめぐり、をとはの滝をみて
　名にしおふ音羽の滝のあるゆへ歟
　　のぼりつめたる清玄の恋
本堂は十一面千手観世音なり。むかし沙門延鎮が夢中にえたる霊像にして、坂の

上田村丸の建立とぞ。北八弥次郎兵衛、しばらく此宝前に休みながら

境内にうへしさくらはすき間なく
　　てもたくさんな千手くはんおん

傍の小だかき所に、机をひかへたる老僧、参詣を見かけて
僧「当山の御影は、これから出ますぞ。まことに霊験あらたかなる事は、盲がものをいひ、唖の耳がきこへ、あるいて来たいざりがなをる。一たび拝する輩は、いかなる無病たっしゃなりとも、たちまち西方極楽浄土へ、すくひとらんとの御誓願じゃ。どなたもいただいておかへりなされ。冥加銭は沢山にお心もちしだい。御信心のかたはござりませぬかな。」北八「よくしゃべる坊主めだ。時に弥次さん、かのうはさにきいた、傘をさしてとぶといふは、此舞台からだな。」僧「むかしから当寺へ立願のかたは、仏に誓ふて是から下へ飛《とば》れるが、怪我せんのが有がたい所じゃわいな。」弥次「爰《ここ》からとんだら、からだはみぢんになるだろう。」弥次「おりおりはとぶ人がありやすかね。」僧「さよじゃわいな。ゑては気のふれたわろ達が来て、とびおるがな。此間も若い女中がとばれたわいな。」北八「ハアとんでどふしやした。」僧「とんでおちたわいな。」北八「おちてそれか

らどふしたね。」僧「ハトェ、根どいするわろじや。此女中は罪障が深いさかい、仏の罰で、目をまはしたわいな。」北八「鼻はまはさなんだかね。」僧「イヤ瘡と見へて、鼻はなかつたわいな。」北八「そして気がつきやしたか。」僧「気がついていいんだわいな。」北八「いんでどふしたね。」僧「さてさて、しつこい人じや。それきいて何さんすぞい。」北八「イヤ、わつちがくせとして、聞かけた事は、金輪際きいてしまはねば、気がすまぬといふもんだから。」僧「それなりやいふてきかそかい。それからその女中が全体其した地もあつたかして、俄に気が違ふたわいの。」北八「ハテナ、気が違つてどふしたね。」僧「百万遍をはじめたわいの。」北八「百万遍はじめてどふしやした。」僧「かねを叩て。」北八「かねをたゝいてどふしたね。」僧「なむあみだんぶつ。」北八「それからどふだね。」僧「なむあみだんぶつ。」北八「コレサ百万遍のあとは、どふしやした。」僧「なむあみだんぶつ。」北八「そのあとはよ。」僧「ハテせわしない。百万遍じやわいの。マア念仏すましてからのことといの。」北八「ヱヽ、其念仏、百万遍すむまでまつてゐるのか。とほうもねへ。」僧「イヤこなさん、聞かけたことは、根ほり葉ほりきかんせにやならんと、いふたじやないかい。まちと辛抱してきかんせいな。退屈なりや、こなさんたちもすべては清水観音の霊験に結びつく百万遍手伝ふて下んせ。」北八「コリヤおもしろかろう。弥次さん、おめへもこけへかけなせへ。サアサア、なむあみだアんぶつ。」僧「とてものことに、かねいれてやろわいな。」

トむしやうにかねをうちならし

僧「ハアなまいだア。チャンチャン。」北八「コリヤごうてきにおもしろくなつた。なまだアなまだア。」僧「わしや手水してくるうちたのみます。」

ト北八にかねをつきつけ、どこへやらいつてしもふ。北八むちうになり

「ハアなまだア。チャンチャンチキチ　チャンチキチャン。」弥次「手めへかねのた丶きやうが下手だ。こつちへよこせ。」北八「ナニ如才があるもんか。チャンチャンなまだアなまだアチャンチャンチャンチャン。」

トむちうにた丶きたてさはぐゆへ、内陣の番僧出来り、このていを見て、きもをつぶし

番僧「コレナコレナ、わごりよたちはどしたもんじやぞい。勧化所にあがつて無作法な。」

トいかられてふたりは心づき、きょろきょろして

北八「ハア今の坊様はどけへいつた。まだ中回向もすまぬうち。」番僧「ナニたはことといふのじや。爰をどこじやとおもふてじやぞい。」北八「ハイ、こゝは清水、あつもりさんの墓所とけつかる。」番僧「コリヤおのれ気が間違ふておると見へる。」北八「気違ひゆへに此百万遍。」番僧「ナニぬかしくさるやら。とつと、出ていなんかい。こゝは御祈願所じやぞ。」

トこはだかにいふうち、かつてよりぼうつき出、おひはらふに、ふたりはそうそう、この坂をおり立て

北八「づくにうめが、とんだめにあはした。」

舞台からとんだはなしは清水に
ひやかされたる身こそくやしき

此山内をくだりゆくさきに、清水焼の陶造、軒をならべて、往来の足をとどむ。

此所の名物なり
天道の恵みもあらんすへもの師
大日山の土を製せば

かくて其日も、はや七ツ頃とおぼしければ、いそぎ三条に宿をとらんと、道をはやめ行向ふより、（以下略）

いかにも江戸庶民のお上りさん（かつては京に来るのが〝上る〟であった）ぶりがよくわかる。清水の観音様、清水の舞台が、いかに全国津々浦々まで知られていたかを示している。

もう一つ。江戸時代の落語から一つ、二つ紹介しよう。この噺は、上方落語の泰斗、文化勲章受章者で人間国宝の桂米朝さんからうかがった話だ。

米朝さんはいう。「清水寺に題をとった噺は、仰山《ぎょうさん》ありまっせ。まず、こんな噺からいきましょう」。演題は『いとはんの殿集め』という。概略はこうだ。

「鴻池（大阪の豪商。大金持ちの代名詞的に使われる）のいとはん（上方で良家の娘さんのこと）が、清水の舞台から飛び降りる、いう噂を広めるんですな。それでまあ、たくさんの人が見物に集まります。ところがいとはん、いっこうに飛び降りる気配がありません。物見高い連中が、『なんや、日延べかいな』いうてますと、いとはんの方は、集まった人の群れを見回しながら、『これだけ殿方を集めてみても、よい男はいないものじゃなぁ』」

もう一つ。

「『新壺坂』というような噺もあります。壺坂いうたら例の『壺坂霊験記』、お里沢市の物語、夫婦の美談ですな。それのパロディーです。盲人夫婦がおって、本物の壺坂やと嫁はんのお里は貞淑ですが、こっちの嫁はんの方は間男してます。夫の方は、何とか目を開けてほしい、と清水の観音さんに願掛けします。姦婦姦夫の方は、何とか亭主の目を開けんといてくれ、とやっぱり願掛けしてます。すると、夫の方の目が開くんですな。夫は必死に願掛けしている姦婦姦夫をみて、『よその夫婦は仲がよろしいな』」

ちょっぴり苦い味がこもっているが、面白い噺だ。米朝さんによると、このほかにも『はてなの茶碗』や『景清』といった噺があるという。ここでもまた、いかに清水寺という存在が、庶民の中にひろがっていたかが、わかるのではなかろうか。

すべて清水寺御本尊の御利益に集約

平安の時代から江戸時代まで、もちろん明治時代以降の文学作品にも、清水寺は登場する。しかし、江戸時代までに、さまざまな分野で取り上げられている清水寺は、そのほとんどが清水寺御本尊、観音様の霊験に関係したものである。そのあらたかな霊験も、いくつかのパターンがある。どんなパターンがあるのだろうか。

【縁結び】この縁結びは、つぎの「子授け・安産」と連動している。つまり、子授けも安産も、よき縁あってこそ、というわけだ。「今昔物語集」の中に、貧しい女性が祈願参詣し、夫を得て幸福になるという話がある。狂言「いもじ」や「二九十八」では妻を得ようとする妻乞い参詣の様が。男女の縁だけではなく、「義経記」や「弁慶物語」では牛若丸（義経）と弁慶の主従の契りを。能「経書堂」は母子再会、同じく能「花月」では父子の対面、仮名草紙「恨みの介」は恋愛沙汰をテーマとしている。

【子授け・安産】清水寺の誕生は、いわば田村麻呂公と延鎮上人の出会いからだが、田村麻呂公夫人、三善高子命婦の出産にまつわる話が背後にある。このことからも、清水寺では子授けや安産について、古くから信仰を集めている。光明皇后の子安塔建立伝説、葛井親王の三重塔建立伝説。お伽草子「梵天国」や歌舞伎「一心二河白道」の桜姫の話。変わったところでは、曹洞宗太祖螢山禅師の観音申し子伝説などがある。

【命助け】「平治物語」では、常盤御前と牛若丸ら幼子三子が無事都落ちする。能「盛久」は源氏打倒を狙って捕えられた平家の武者盛久が処刑されようとした時、太刀が三段に折れ、命が助かる。幸若・浄瑠璃・歌舞伎の「出世景清」では観音が景清の身代わりになる。「一寸法師」でも姫君の命を救う。

【戦場での苦難救援】田村麻呂公の戦場譚。「清水寺縁起」での征夷の際の毘沙門天・地蔵による救援。能「田村」、浄瑠璃「田村将軍初観音」での鈴鹿山中鬼神退治。

【財宝・福徳・出世】「一寸法師」での一寸法師の姫への婿入りと出世。「今昔物語集」にある夫定めをした女たちの幸福な結婚。「大黒舞」の大悦之助は財を得る。

【諸願成就】「御堂関白記」では藤原道長が諸願成就を、清少納言らもさまざまに諸願成就を祈願している。

清水寺が記載されている古典文学・芸能作品

平安時代

〔歌集〕「伊勢物語」「実方集」「赤染衛門集」
〔日記・随筆・物語〕「落窪《おちくぼ》物語」「蜻蛉《かげろう》日記」「大和《やまと》物語」
「枕草子」「源氏物語」「和泉式部日記」「更級《さらしな》日記」
「堤中納言物語」「今鏡」
〔漢詩文〕「管家《かんけ》文草」「清水寺縁起」「本朝文集」「本朝麗藻」
「本朝無題詩」「新撰朗詠集」「和漢兼作集」
〔その他〕今様歌謡集「梁塵秘抄」説話「今昔物語集」

鎌倉時代

〔歌集〕「新古今和歌集」「風葉和歌集」
〔軍記〕「平治物語」「平家物語」「源平盛衰記」
〔説話・随筆〕「古事談」「宇治拾遺物語」「十訓抄《じっきん》」「古今著聞集」
「沙石集」「撰集抄」「徒然草《つれづれ》」

室町時代

〔お伽草子・物語など〕「糸桜の物語」「ゑんがく」「扇流し」
「大橋の中将」「おもかげ物語」「蛙の草紙」「唐崎物語」
「観音の本地」「義経記《ぎけい》」「貴船の物語」「朽木桜」
「賢学草子（日高川）」「高野物語」「小男の草子」「一寸法師」
「胡蝶《こちょう》物語」「子易《こやす》物語」「さいき」「さよひめの草子」
「しぐれ」「浄瑠璃物語」「墨染桜」「千手《せんじゅ》」「大黒舞」「滝口物語」
「田村《たむら》の草子」「月かげ」「天狗の内裏《だいり》」「常盤《ときわ》物語」「鼠の草紙」
「橋弁慶」「美人くらべ」「一もときく」「伏屋の物がたり」
「弁慶物語」「梵天国」「松虫鈴虫賛嘆文」「物くさ太郎」
「師門《もろかど》物語」「雪女物語」「熊野《ゆや》物語」「李娃《りあい》」「六代」
〔謡曲・狂言〕「田村」「熊野《ゆや》」「盛久《もりひさ》」「花月」「西行桜《さいぎょう》」
「遊行柳《ゆうぎょうやなぎ》」「花盗人」「武悪《ぶあく》」「居杭《いぐい》」「成上り」「いもじ」
「二《に》九十八《くじゅうはち》」「経書堂《きょうかくどう》」「お茶のみず」
〔説経節・幸若など〕「敦盛《あつもり》」「景清《かげきよ》」「山椒大夫《さんしょうだゆう》」「信田《しのだ》」
「俊徳丸」「伏見常葉」「閑吟集」「清水寺縁起絵巻」

江戸時代

〔浄瑠璃・歌舞伎〕「一心《いっしん》二《に》河白道《がびゃくどう》」「新薄雪物語」「出世景清《かげきよ》」
「田村将軍初観音」「午王《ごおう》の姫」
〔仮名草紙・滑稽本〕「恨みの介」「東海道中膝栗毛」
「浮世風呂」
〔その他〕「誹風柳多留《やなぎだる》」古典落語「いとはんの殿《との》集め」
（舞台飛び）「はてなの茶碗」

第八章

音羽の滝はなぜ三筋？
その御利益は？

音羽の滝。本堂舞台とともに清水寺のシンボルである。清水寺はここが出発点だということは、最初の章ですでに述べた。

水はすべてを清める。水垢離《みずごり》、練行の水。滝はその場

開山延鎮上人が観音の夢告を受け、この地に至り寺を開くのだが、奈良明日香の地から音羽の滝にたどり着いた時、すでにここには、いわゆる水垢離、水に打たれて練行中の老仙行叡居士がいて、延鎮を待っていた。つまりここ音羽の滝は、延鎮上人以前から滝に打たれて修行する、仏法修行者の修行の場だったのだ。

もちろん延鎮上人その人も、もともと山野を跋渉し、滝に打たれて仏法を修行する山岳修行者だったことは、同じく最初の章で触れている。

練行に欠かせない水。水はすべての汚れ、心も体も全部の汚れを洗い流してくれる。こんな諺をご存じだろうか。「三尺流れて水清し」。上流で赤ちゃんのおしめを洗っている。すぐ下では食材の野菜を洗ったり、食器を洗ったりしている。三尺流れれば、水は元の清浄な水に戻るというのが常識だった。かつて、そう昭和三十年代の半ば、一九六〇年頃までは全国各地の川で見かけられた当たり前の風景だった。

清水寺開創の起源である音羽の滝

れる。

水にはさらに、心を強くしてくれるという力がある。冷たく激しい流れに身をさらすと、心は引き締まり、その冷たさ激しさに負けまいとする体力、精神力を養ってくれる。

決定的なことがある。古代インド、水はアーガ（ａｒｇｈａ＝価値あるもの＝功徳水と訳す）と言われて尊ばれ、のちに仏教では閼伽《あか》水として仏前に供えられるようになった。このため、観音菩薩は水の精、観音菩薩の本性は水であるとされる（念のために言うと、地の本性は地蔵菩薩、火の本性は不動明王である）。

日本では、清らかな水は殊《こと》の外《ほか》尊ばれ、神道では古神道以来、〝禊《みそぎ》〟という行為が重要とされるが、この禊と習合して「水垢離行」となり、練行の上でも大事な修行方法となっている。となれば、音羽の滝の水は単なる清水《しみず》ではなく、心身清めの霊水であり、聖水であるという宗教的な意味を持っているのである。

身を打たれての練行は、このような意味を持っている。音羽の滝はまさにこのような滝なのである。

清らかな水の寺、それがそのまま「清水寺」の名へ

清水寺の音羽の滝は、「清水」が音羽山の中腹に湧き落ちている。

この音羽の滝の水源については、昭和の初め頃までは、音羽山の東裏側にある稚児ケ池から流れ出ている、とか、山科盆地の東、牛尾山（旧清水寺奥の院法厳寺がある）から流下している音羽川が潜流し、清水寺境内に湧出しているなどの説があった。これらはすべて空想の産物。『清水寺史』を編纂する際の調査によると、東山一帯、京都盆地に降った雨が、地下深く何十年もかかって浸透し、伏流水となり、その水が地圧によって、断層の割れ目を伝って噴出してきたものとされる。地下一〇〇〇メートルまで濾過され浸透し、さらにそこから湧出するのであるから、清浄極まりない「清水」であることは保証付きだろう。有史以前からこんこんと湧き出で、涸《か》れたことがないといわれる水でもある。ちなみにお茶のための名水とされている。

その清らかな水の湧き落ちる寺、正式には「北観音寺」といわれていたのが、いつの間にか「清らかな水の寺＝清水寺」という通称が正式な名称となってしまった。弘仁元年（八一〇）に朝廷から、国家鎮護の道場であると認められ、法号を「北観音寺」、世号を「清水寺」とし、『清水寺』の額を掲げるのである。音羽の滝こそ、清水

寺のルーツなのだ。

元の流れは一筋、それが三筋へ

いま音羽の滝は、石造りの樋を伝わって三筋となり、流れ落ちている。だが、かつての音羽の滝は、滔々と一筋が流れ落ちるだけだった。それが、いつ頃から、なぜ三筋となったのか。

創建当初、延鎮上人と坂上田村麻呂公との出会いの場面を描いた『清水寺縁起絵巻』（室町時代中期）や、同じ場面を題にした絵馬（江戸時代）を見ると、二人が対面しているお堂の横に落ちている流れは、岩の間を伝っている一筋である。

では、三筋になったのはいつからか。三筋にはどんな意味があるのだろうか。

実はいつから三筋となったかは、よくわからない。十六世紀後半に描かれた『清水寺参詣曼荼羅』には、樋によって分かれた三筋の滝に打たれて水垢離をとる人がいる。三筋ということには関係ないが、水汲み女が桶を頭上に、滝の水を門前の茶店に運ぶ姿がある。天秤棒で桶二つを運ぶ男たちもいる。十六世紀後半には三筋になっていたことが、この絵でわかるが、ではいつからか、となるとわからないのだ。一説には鎌倉時代くらいからではないかという。山伏修験道が盛んになり、それに伴って、修行のための滝行も盛んになったことが、一人しか修行できない流れを三つに分け、複数人数が修行できるようにしたものであろうと推測される。

三筋の功徳は、汲む人の願いの心と信心の深さによる

いま滝の前は、三筋に流れ落ちる水の功徳、御利益にあずかろうと、修学旅行生をはじめとする参詣者たちの列が、ひきも切らない。観光バスのガイドさんらは、三筋の御利益を「智恵・学問」「健康・長寿」「恋愛・縁結び」とし、「一つだけ。三つ一度に欲張ると、かえってダメ」と説明している。それを、「右から○○○」というのだが、ガイドさんによっては順番が違ったりしている。

三つの樋に分かれて流れ落ちているが、出所は一つである。清らかな水で心身を清浄にし、敬虔《けいけん》な気持ちで、真摯《しんし》に祈願することが大事なのだ。諸願成就なのである。

と言いながら、「三筋」にはさまざまに、仏教的な意味合いを込めた解説がなされている。

一つ目は、仏教信者として当然とされる「仏・法・僧」という三宝への帰依を意味

する。二つ目は、人間の三大煩悩である「貪欲《どんよく》（貪《とん》）・瞋恚《しんい》（瞋《しん》）＝怒りや恨み・愚《ぐ》癡《ち》（癡《ち》）」の解消と浄化。三つ目は、人間の根本的な三つの行為「身（行動）・口（言葉。話す）・意（こころ）」という基本的な業を清浄化する。その他にも、仏教修行にとって基本ともいえる「戒（持戒）・定（禅定）・慧（智恵）」の成就とも。さらには、江戸時代のある『観音霊場記図会』には、現世利益の観音様らしく「中は利得、右は智恵、左は慈悲。観音の三体とす」とある。

ちょっと話題を変えよう。清水寺の御詠歌をご存じだろうか。

「松風や　音羽の瀧の　清水を　結ぶ心は　涼しかるらん」

音羽の滝が、清水寺のシンボルであることが良くわかる。

もう一つ、滝上に不動堂があることに、お気付きだろうか。元来、『清水寺縁起』にあるように、音羽の滝は千手観音の化身であった。それが、密教の流行によって、清水寺が法相と真言の二宗兼学の寺になると、密教の仏不動明王の信仰に転化したようだ。滝上の水源には、不動明王の変化身である倶利伽羅龍王を祀って、「音羽瀧不動明王」の横額を掲げた堂を建てたのである。

第九章

庶民信仰の寺
清水寺は大絵馬の宝庫

清水寺は庶民信仰の寺である、ということは何度も述べてきた。それを証明するものが、数多く残されている。

それをもっとも明確に示しているもの、と言っていいのが、絵馬の存在である。上下貴賤を問わず、清水寺の観音に祈願をこめる際や、願いが成就した後、祈りを込め感謝するために、絵馬を寄進する風習が、江戸時代に入って非常に盛んになった。清水寺には特に、そうしたことが多かった。もともと絵馬といえば、通常は神社のもののように思われるが、寺にもないわけではない。中でも清水寺は絵馬の宝庫といっていいほどである。

絵馬研究第一人者が太鼓判を押す清水寺絵馬

絵馬研究の第一人者だった故土居次義先生が、清水寺の絵馬についてまとめた『絵馬　清水寺』という本がある。この本に準拠して、清水寺の絵馬について述べていこう。土居先生は絵馬について、次のように述べられている。

――「絵馬」、文字通り馬の絵である。ただそれは、単なる馬の絵ではなく、祈願や報謝のために板に馬を描いて、神仏に奉納したものを指すのである。したがって絵馬は、普通の鑑賞画と違い、神仏に対する信仰に根ざす絵である。最初は神に捧げていたが、後には仏教信仰と結びついて、仏教寺院にも奉納される習慣が生まれた。

土居先生は、そう定義している。さらに、なぜ馬を描くようになったかについては、こういわれる。

―日本では古代から馬は神の乗り物と信じられていた。初めは生きた馬を奉納していたが、次第に生き馬の代わりに、土や木で作った馬形を奉納する風習が生まれ、それが一層簡便化され、遂には馬を描いた板絵、すなわち「絵馬」が用いられるようになったといわれている。

土居先生は絵馬の起源についても言及している。

―このような絵馬の発生は、一九七二年に静岡県浜松市の伊場遺跡から絵馬が発見されて以来、少なくとも奈良時代の八世紀後半まで遡《さかのぼ》るのではないかと解されている。この絵馬は竪七・三センチ、横八・九センチの矩形の板絵であって、中央上方に小さな穴があるので、紐でつられたものであったことが知られる。このように誰でも容易に奉納できる小形の絵馬は、一般に小絵馬とよばれているが、その奉納の風習は時代の下降につれて次第に全国的にひろく行われるようになった。そして特に近世では礼拝の対象になる神仏や祈願の種類によって馬以外の多種の題材が描かれて、中には随分珍奇な題材を描いた小絵馬も作られるようになった。（後略）

馬の絵から武者絵や渡海船図など。風俗画としても貴重

そして、小絵馬から大絵馬への変遷、絵馬の歴史については、次のように考察されている。

―このように小絵馬の歴史は、ひじょうに古く且つ久しいのだが、十五世紀から十六世紀にかけて小絵馬よりずっと大きい所謂《いわゆる》大絵馬が作られて社寺に奉納される風習が生まれ、絵馬の歴史に一段と華やかな光彩を加えることとなった。この大絵馬は扁額ともよばれ、額縁形式のもので、中にはその縁が金具の装飾をもつ派手なものもある。その大きさは多種であるが、特に人びとが豪華さを好んだ十六世紀後半から十七世紀前半にかけてのころ（桃山時代から江戸時代初期）の大絵馬には、屏風画にも劣らないような大作も生まれている。このような大絵馬にも馬が描かれたことはいうまで

もないが、それ以外の多種の画題も扱われ、特に武人の奉献によるものには歴史上有名な勇士を題材とする、いわゆる武者絵が多い。またそのほか海外貿易を行った富商が奉納した渡海船を描くものもあって、風俗画としても興味深い作品も見出される。

それらの大絵馬がどのようなところに奉納されたかについても触れておられる。

――このような大絵馬もひろく流行したので、今でもその分布は全国に及んでいるが、京都は久しく都であっただけにそれを伝える社寺も多く、中でも清水寺、八坂神社、北野天満宮、今宮神社、伏見稲荷大社、安井金毘羅宮などは有名である。本書は、清水寺が伝える大絵馬の名作の主要なものを収載した画集であって、その中には美術史上高名な画家が描いた作品も多い。

土居先生は『絵馬　清水寺』のまえがき部分で、「絵馬について」という一文で、前述のとおり、余すところなく、清水寺の絵馬の豊富さ、素晴らしさについて書かれている。

本堂外陣に残る日本最大の絵馬

それでは清水寺には、どんな絵馬が残されているのか。実はもともと絵馬は、本堂外陣の欄間や柱、塔頭の本堂部分、諸堂の欄間や柱にも掲額されていた。現在でも外陣や本堂外側の欄間などには、名残の絵馬が掲げられている。しかし、作者などにもよるが、保存状態が良く、美術的、風俗史料的などでも価値が高いと思われるものは、昭和五十九年（一九八四）に建立された大講堂にある宝蔵殿内へ収納され、保管されている。

宝蔵殿にあるものは後にして、本堂にある絵馬の主だったものを紹介しておこう。ここは宝蔵殿が一般公開されていないのに対し、本堂を拝観する際には、その気になりさえすれば見ることができる。

いま本堂外陣と本堂周辺に残されている大絵馬は二十八枚を数える。『清水寺史』第四巻図録編に、明治時代の外陣の写真が収められている。それを見ると、柱という柱、欄間という欄間、びっしりと奉額された絵馬で埋め尽くされている。いまでも外陣の柱には、掛け釘がそのまま残されていたり、釘跡の穴が無数と言っていいほど残っている。残された大絵馬のうちで、主だったものを紹介する。

日本最大級の絵馬がある。『坂上田村麻呂、征夷奮戦の図』という。なんと、縦が約三メートル、横に至っては約一〇メートルという巨大さだ。田村麻呂公が東征し、蝦夷の軍勢と戦っている場面が描かれている。『清水寺縁起絵巻』に基づく絵だ。右肩には『清水寺縁起』を一行五字の漢文で記してある。大要はこうだ。「延暦十四年（七九五）春、陸奥の蝦夷が発逆、清水寺の創建者、坂上田村丸が征夷将軍に任ぜられて東征し、清水寺の延鎮法師に征夷成功の祈禱を依頼。苦戦に陥った時、清水観音が地蔵菩薩と毘沙門天を老僧・勇士に変身させて応援に派遣し、また風神・雷神も加勢し、勝利して凱旋できた。ためにその報謝として、延暦十七年、仏殿を造り替え、本尊千手観音の両脇侍に地蔵・毘沙門を安置した」とある。老僧と勇士が蝦夷軍にさんざんに矢を射かけて奮戦している場面である。海北友松の流れをくむ海北友雪という、江戸時代初期の代表的絵師の筆になっている。「信心施主中」の名で、明暦三年（一六五七）に奉納されている。

参拝する人は、礼堂である外陣には履き物を脱いで上がれるようになっており、そうしてお参りする人も多い。しかし、これだけ大きな絵馬が掛かっていることに、気づく人はまれだ。なぜか。絵馬の位置がわかりにくいのだ。回廊部分から外陣へ上がっても正面の内々陣須弥壇の御本尊、脇侍、二十八部衆に気を取られ、背後に気が回らないからだろう。外陣に上がって、数歩歩き、後ろを振り返って上の欄間を見上げると、この巨大な絵馬があるのだ。

多種多様な図柄で諸願を込め奉納

『坂上田村麻呂、征夷奮戦の図』以外の絵馬は、外陣の柱、欄間を見回せば、簡単に見ることができる。主なものとしては、音羽の滝の章で紹介した清水寺御詠歌。「十六番清水寺　まつかぜや　おとはのたきの清水を　むすぶ心はすゝしかるらん」が変体仮名で書かれ、掲げられている。『源頼政、鵺《ぬえ》退治の図』も海北友雪の作。寛永十二年（一六三五）奉納。『猛虎の図』は長谷川等伯の子宗也の筆になるが、残念ながら剝落が激しい。『牽馬《ひきうま》の図』、これも海北友雪のもの。寛永九年（一六六九）奉納。『朝比奈、鬼首引図』は豪勇無双で知られる朝比奈と鬼とが力比べをしているユーモラスな図。施主に「清忠」とあり、清忠という武士が武運長久を祈願したものらしい。野村七兵衛筆、寛永二十年（一六四三）奉納となっている。

『大森彦七、鬼女を負う図』、『白衣観音の図』、『武人闘争の図』が二枚、『関羽の図』、『意馬心猿図』、『清水寺境内図』などが外陣にまだ掲額されている。特筆ものは、絵馬とはいいがたいが本堂東側内陣の入り口上部に掲げられている『慈眼視衆生福聚海無量』の竪額。江戸時代中期、臨済宗中興の祖と言われる白隠禅師の書で、観音経の偈で観音菩薩の功徳、御利益を表した言葉である。

本堂外壁の大型絵馬はほとんど剝落

本堂には外陣以外にも、周辺の外壁上部に〝超〟といっていいほどの、横長の大型絵馬がある。いや、あったというべきか。いまは剝落が激しく、その図柄を見ることはできなくなっているが、どんなものがあったかだけは、伝えておこう。

『大名行列図』。縦は一五〇センチだが、横は五・四五メートルという長さ。本堂西側の車寄せ上に掛けられている。承応四年（一六五六）に奉納されている。『三十六歌仙図』はさらに横長い。縦六〇センチに対し、横は七・二七メートルもある。本堂西の局上の外壁にある。その他、『伊勢参宮の図』、『正月洛中路上の図』、『村上彦四郎の図』などがある。

宝蔵殿は貴重な絵馬の宝庫

たくさんの絵馬の中で、絵師にもよるが、保存状態がまずまずで、美術的にも歴史的にも保存する価値があり、と認められた絵馬を、温湿度や照明を厳重に管理できる宝蔵殿へ収蔵している。ただ、通常は一般公開されておらず、不定期の特別公開時にしか見ることができないのは残念である。以下、どんな絵馬があるかを見てみよう。

『朝比奈草摺曳図《あさひなくさずりびき》』（国重要文化財）。清水寺に残る最古の絵馬である。作者は長谷川等伯の長男久蔵。技は親等伯をもしのぐといわれながら、二十六歳で夭折した天才画家の二十五歳の時の作である。天正二十年（一五九二）に描かれ、奉納された。源平の戦で活躍、勇猛で知られた朝比奈三郎義秀が、曾我五郎時致の鎧の草摺を引っ張り合っている図柄が、縦一八一センチ、横二三二センチの大画面に躍動している。典型的な武者絵である。

この大絵馬、面白いエピソードを二つほど持っている。清水寺は寛永六年（一六二九）に大火災に遭っている。この時本堂は全焼した。この絵馬が奉納されたのは天正二十年（一五九二）。本堂外陣に掲額されていた。寛永の大火災の時、僧侶や信徒たちの必死の救出活動によって、助け出され無事保護された。補修され再建された本堂に再び掲げられた。必死の救出活動と書いた。その名残がある。絵馬の裏板に点々と焼け焦げの跡があるのだ。助け出す際、表を下に裏を上にして、降りかかる火の粉を

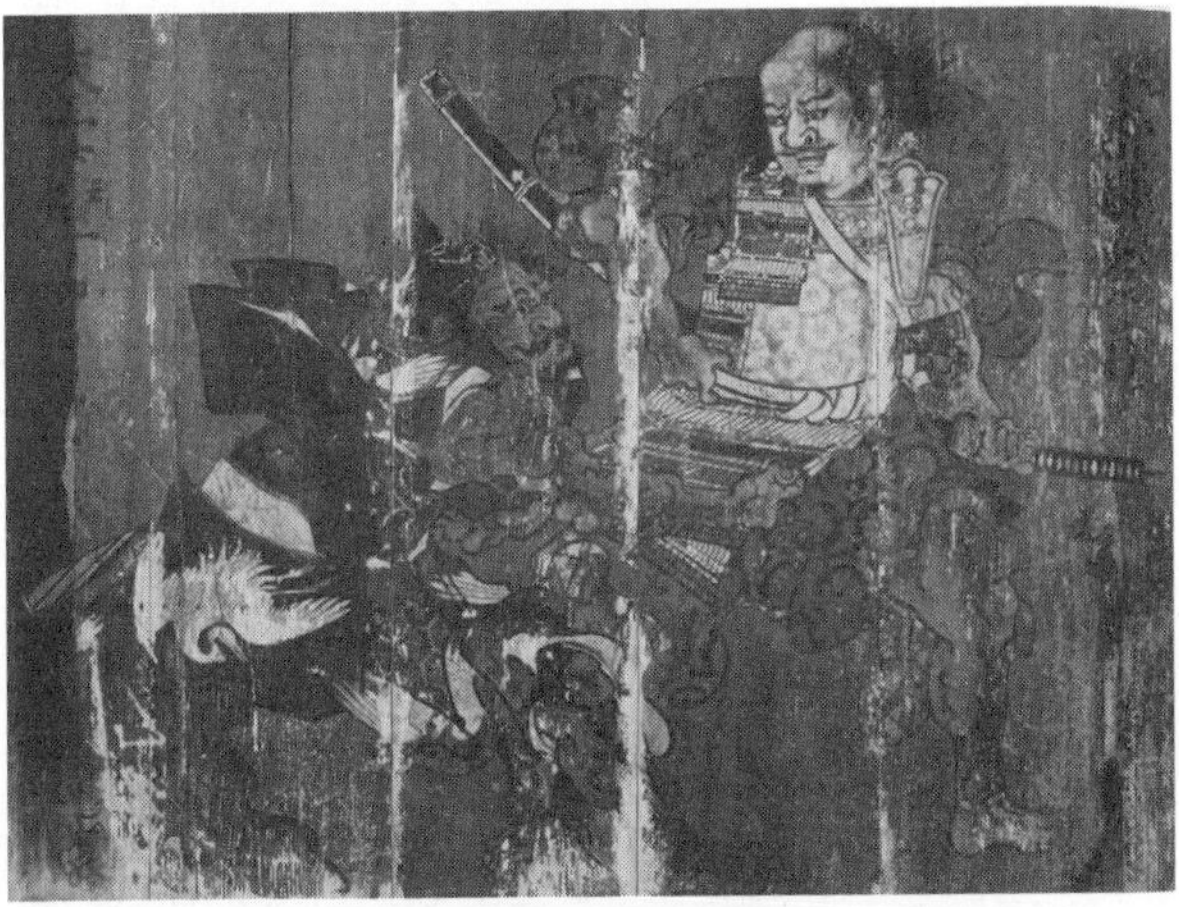

板絵朝比奈草摺曳図

寛永十四年（1637）奉納の繋馬図（狩野山雪筆）

避けながら逃げたのであろう。もう一つ面白いのは、その焼け焦げの跡の傍に、後に墨書が書き加えられた。『寛永六年九月十日　当寺炎上の時　この一面のみ不思議に相残る事　すこぶる火坑轡成池《かきようへんじようち》の威力か　万人感ずる即ち末孫の直弟ら修影を相加え　以て宝前に供え奉る事なり　宿坊成就院　寛永八年二月吉日敬白』と書かれていたのだ。つまり、観音経の一節にある言葉、「彼の観音力を念ずれば、火の穴が池に変ずる」というのである。観音様の御利益で助かることができたというわけだ。森清範現貫主は法話の際、時折このことに触れ、「（本堂が）火で焼け落ちかけている中、この絵馬を下ろしたのでしょう。私はこの絵馬を見ますと、この時の様相が頭に浮かび、震えが出てくるのです。考えてみてください。（中略）おそらく若い人たちが頭から水をかぶり『南無観世音菩薩　南無観世音菩薩』と観音の御名《みな》を唱えながら、火の中へ飛び込んで行ったのでしょう。そして、この大きな絵馬を運び出したのです」といっておられる。

もう一つのエピソード。国の重要文化財に指定される際に、こんな話が残っている。森貫主の思い出話だ。

「『渡海船図』の絵馬は、すぐに重文に指定されましたが、この朝比奈の絵馬は最後まで指定されませんでした。私の師匠、中興開山の大西良慶和上も『なんでやろな』と疑問に思っておられました。すると、しばらくしてから京都府と京都市の方から、府・市の指定文化財にしたいとの申し出がありました。師匠は断固『アカン！』。そして、『これは府や市の重文指定というようなものではない。国が指定すべきもののはず。国指定というのなら、こちらも納得、承諾します』。途端に国の担当者が来て、国の重要文化財に指定させていただきます、ということで国の重文になったのです」

『末吉船渡海船図』。三面（いずれも国重要文化財）ある。江戸時代初期、大坂平野の豪商末吉家が、幕府の朱印状を得て（この当時はまだ、鎖国令の布告前）、海外渡航・貿易のため、ベトナムの東京や安南、フィリピン（呂宋）やタイ（シャム）、カンボジアといった東南アジア貿易に派遣した際の船を描いている。寛永九、十、十一年（一六三二、三三、三四）に奉納されている。「諸願成就、皆満足令《せし》む」、航海の無事と交易成功で東京（ベトナム）から帰国できた「末吉船本客（船主・乗客）衆中」が、清水寺御本尊の十一面千手観音菩薩へ、その御加護に報謝し、「御宝前」に奉納したものだ。三面ともほぼ図柄は同じで、船主と案内を務めたのであろうオランダ人船長を含め、乗船者全員が歓喜の大祝宴を甲板上で繰り広げている。

寛永九年、十年の絵馬は縦一八二センチ、横二二九センチのほぼ同サイズ。船尾に唐破風造りの屋台を設けているが、中国のジャンク風の船。絵師は木村嘉兵衛。寛永十一年のものは少し大きく縦一八七センチ、横二三五センチ。上縁が山型でいわゆる絵馬風。船の形も箱舟風になっている。絵師は北村忠兵衛。

圧巻は京の富商角倉家奉納の渡海船図

『角倉渡海船図』（国重要文化財）の素晴らしさは、末吉家奉納の三面に勝るとも劣らない。江戸時代初め京都一の豪商と言われた角倉家は、大坂の末吉家とならんで東南アジア貿易を行っていた。当時の角倉家の当主は厳昭。高瀬川の開削など京都の町づくりに大きな力を発揮した了以の孫である。奉納は寛永十一年（一六三四）。末吉船絵馬より二回りほど大きく縦二六七センチ、横は三六〇センチ。残念ながら作者はわからない。絵馬はほとんどがそうだが材質は板地。濃彩で、末吉船と同じく甲板上での大祝宴の様子が描かれている。中に頭頂部を剃り上げた、宣教師らしき人物がいたり、外来の双六で遊んだり、三味線があったり、煙草の喫煙風景があるのが面白い。

この角倉船、末吉船の絵馬を通じて言えるのは、これら清水寺に奉納されている絵馬は、江戸時代寛永期、鎖国令の直前になるが、外洋渡航船の形や運航方法（例えばガイドに南蛮人を起用していること）、乗組員の様子から黒人を交えていることなど、当時の風俗習慣が判る、貴重な史料なのである。

前記四面の国指定重要文化財のもの以外にも、まだ貴重な絵馬群が宝蔵殿には収蔵されている。

『意馬心猿図』。これは清水寺に奉納された意馬心猿図の代表的なもの。板地に金箔を押し、その上に一頭の黒馬が柱につながれながら足掻き、柱の傍で一匹の猿が馬をつないだ綱を持っている図柄である。「意馬心猿」とは、人間とは煩悩・妄念の塊《かたまり》で、「意」が馬のように暇なく足掻き、「心」は猿のように騒ぎたつ、心意が乱れて落ち着かないことを戒める意味を持っている絵である。縦一三〇センチ、横一八二センチで狩野派二代目の古法眼元信の作と伝えられるほどの名作である。元信ではないとしても、当時の狩野派の中でも相当に有力な絵師のものであろう。

『黄石公・張良図』というのがある。縦二八六センチ、横九四センチという縦長の絵馬である。この絵馬、通常の絵馬は板地に肉筆彩色だが、板地の上に木綿地の友禅染で図柄を描き、それを貼り付けている。中国漢の天下統一に功績のあった張良が、秦の始皇帝の暗殺に失敗した後、老仙人黄石公と出会ったエピソードを題に取っている。天明四年（一七八四）に奉納された。

このほかの宝蔵殿に収蔵されている大絵馬を挙げておく。

『牽馬図』は寛永十二年（一六三五）奉納。土佐派の絵師か。『繋馬図』は京狩野派二代目狩野山雪筆で、寛永十四年奉納。『牛若丸・僧正坊図』は明暦三年（一六五七）奉納で、長谷川派の長谷川甚丞筆。願主が三井財閥の祖、三井家の二代三郎左衛門。『行叡居士・延鎮上人図』も明暦三年奉納。絵師は土佐内記（画家の住吉家を中興した住吉如慶のこと）。『養老瀧図』は狩野山雪の嫡男永納の作。寛文七年（一六六七）奉納。『仁王図』は延宝六年（一六七八）奉納で、絵師は法橋・宗眼の称を持つ藤原友信。『繋馬図』は天明四年（一七八四）に奉納で、狩野派に属すると思われる河島内蔵永重。

第十章
月照・信海の兄弟、安政の大獄で非命に倒れる

月照、信海の二人は、幕末、清水寺塔頭（本坊＝本願職）成就院の第二十四世、二十五世住職となった兄弟である。二人とも、勤王討幕運動に挺身。折からの徳川幕府大老井伊直弼《なおすけ》による勤王派の弾圧、いわゆる安政の大獄で、兄月照は入水自殺、弟信海は幕吏に捕らえられ、江戸伝馬町の牢へ送られ病死し、小塚原の刑場に葬られるという、いずれも非命に倒れている。月照（一八一三〜五八）信海（一八一八〜五九）、その生涯は四十五歳と四十一歳だった。この二人の一生は、非命に倒れた最期まで、波乱に富んだものだった。

当時、財政難で住職なしの塔頭続出の混乱状態

月照と信海は、なぜどのような理由、経過で清水寺の僧になったのだろうか。兄弟は、大坂の町医者玉井宗江の子どもとして生まれる。この玉井宗江の弟に、成就院住職の蔵海上人がいた。つまり兄弟は蔵海の甥だった。蔵海はこの頃、経済的に困窮を極めていた清水寺を、本願職成就院の住職として建て直しに懸命に取り組んでいた。そもそもは蔵海自身が、他寺から懇請されて清水寺建て直しのために、清水寺成就院住職となった人。本寺である興福寺の一乗院宮尊誠法親王（伏見宮家出身）の「特別

月照上人坐像

の思召《おぼしめし》」で清水寺入りしている。

当時十九世紀初め頃の清水寺は、江戸時代に発達した商品・貨幣経済の波に翻弄《ほんろう》されていた。幕府や諸藩が赤字財政に悩む中、檀家もなく門跡大寺院でもなく、大名などの檀那《だんな》も持たず、わずか寺領百三十三石という零細封建領主でしかない清水寺は、当然のことながら財政難。諸院は軒並み借金だらけだった。おまけに山内の不統一から の塔頭間の足の引っ張り合いで、塔頭の中には無住職状態のところが続出する有様だった。

目代職塔頭（ナンバー2塔頭）の慈心院や延命院だけでなく、一時期は寺の財務や庶務的な役目を預かる本願職である成就院すらも、五年間ほど無住職状態が続いたほどだった。かくして蔵海は、荒廃の極みにあった清水寺の建て直しのための清水寺入りだった。

ところが、改革はそう簡単には進まない。寺内の反対派の塔頭住職の執拗《しつよう》な妨害が続き、中には境内の灯籠を売り払って、その金を懐に入れる塔頭まであったほどだった。こうした山内の乱れにも屈せず、当時の歌壇に名を知られるほどの存在だった蔵海は、清水寺を一種の文化サロンとすることで有力な人々を集め、支援の輪を広げた。一方で本来の仏道への精進も怠らず、清水寺のもともとの兼学（法相と真言）宗旨である、真言宗子島流と菩薩流の印可を受けたのをはじめ、真言宗の伝法灌頂を受けるなど、その死の直前まで法流の伝承に力を注いでいる。

もちろん財政再建にも邁進《まいしん》、徐々に改革を進めていった。聖教《しょうぎょう》（経文）類の収集・整理・保管、古記録・文書類の収集・整理を進める一方で、堂塔伽藍の保全や修復にも尽力した。観音霊場としての境内の風致修景にも努めた。現代にも伝わる桜の植樹や皐月《さつき》、椿などを植えたことが記録にある。

蔵海、身内から後継者育成。月照・信海の入寺

蔵海は多病で、沢山の医者にかかりながらの奮闘であったという。こうした法流興隆や財政建て直し、史料の収集保全だけでなく、蔵海は後継者育成も心がけていた。それが、身内から堅実な伝灯後継者を育成しようとしての、甥である忍向（月照）や信海を迎え入れることだった。次兄の息子宗久を十五歳の時、文政十年（一八二七）一月に成就院に迎え入れ、久丸と改名させて、公家の園家（園元茂）の猶子《ゆうし》（養子の一種）として、得度させた。この時、一緒に得度したのが、院役人栗山瀬平の三男金弥・十三歳だった。金弥は義天房独一（独朗）として頭を丸めたが、後に還俗して「近藤正慎」となり、成就院の執事を務め、安政の大獄に巻き込まれ命を落とすことになる。久丸は授戒名「忍鎧《にんかい》（忍介）」（後に忍向、号月照）となり、修行することになった。

弟、玉井綱五郎は十二歳の時、文政十二年（一八二九）、長丸の名で入山。一時期、義蔵の名を持つが、天保二年（一八三一）、権大納言飛鳥井雅光の猶子となり、後には信海と名を改める。二人とも蔵海の後継者として、真言宗子島流の再興のため研鑽《けんさん》した。今、清水寺には二人が子島流の研鑽を積んだ証拠が残されている。『子島

曼荼羅』（月照筆、未完成）や、月照が経文から書き写した書、『如来荒神図』（信海筆）といった書や絵である。蔵海は後継者を身内の二人で確保したことになる。

蔵海上人の死で月照が成就院住職に

蔵海上人は天保六年（一八三五）五月、この世を去るが、これと前後して、忍介は成就院住職に就任する。忍介は山内建て直しに努力し、嘉永二年（一八四九）正月には忍向と改名、近藤正慎の助けを借りながら懸命に努めた。しかし、当時の山内は各塔頭の隠居たちが隠然たる力を持ち、忍向の改革を阻害するような行動をとった。一方で忍向は後の弟子、園部忍慶（明治八年に清水寺貫主となる）が「容貌　身短小、中肉、顔色青白ク、眉長シ。技芸　仏画ヲ巧ニシ、梵書ニ妙ナリ。楷・行・草（書）、仮（名）字ヲ能クス。和歌ヲ詠ジ、笙ヲ吹キ、陶器ヲ製シ、印章ヲ刻ス。其ノ雑技、人ノ意外ニ出ルモノアリ」と『成就院忍向履歴』に書き残しているように、多能多才で理知的であったようだ。とくにその中でも、叔父で師匠の蔵海譲りで和歌に巧みであった。後には当時第一の歌人といわれていた右大臣（後に左大臣）近衛忠熙《ただひろ》（陽明公）に師事、歌と書を学んだ。このことが、月照を宮廷の討幕派の公家たちと結びつけることになった。後世「勤王歌僧」といわれることになり、その運命を左右することになってしまう。実は弟信海も、兄ほどではないが相当な歌詠みだった。後には兄と同じように近衛忠熙に師事、弟子となって歌道に励んでいる。

月照、山内のごたごたに嫌気、突如隠居

月照は蔵海の遺命を忠実に果たそうと、懸命に努力した。ところが山内の月照反対勢力は、月照の努力をあざ笑うかのように勝手気ままな行動を繰り広げた。ある塔頭の院主は奥の院御本尊の出開帳を企てたり、中には堂塔の賽銭箱を私《わたくし》したり、やりたい放題といっていいような不義を重ねていた。さらに、執行職（清水寺住職）宝性院の院主義観が「若年病弱」を理由に隠居すると、弘化四年（一八四七）十二月、本寺興福寺の一乗院宮から月照に対し、執行職と本願職成就院を兼務するようにとの仰せが下った。つまり月照は一時期、清水寺住職でもあった。

しかし、山内は依然として治まらなかった。反成就院、反月照の塔頭連中は、執拗に月照の改革の邪魔をし続けた。月照も堪忍袋の緒が切れたのであろうか、嘉永六年（一八五三）秋、アメリカの東インド艦隊司令官ペリーが軍艦四隻を率いて浦賀に来

航した直後、弟子の無着とともに、突如として隠密の旅に出てしまうのである。「秋文月に、いとはづら《(煩わ)》はしき業《わざ》どもの有《あり》て憂世のいとはしく成《なる》ままに人にも知らせで寺をいでて、こし《(越)》路へゆき、しなの《(信濃)》より木曾路をのぼり、つゐにきの《(紀)》国高野やまにことしのむつき《(正月)》までこもりゐける」（月照歌集『落葉塵芬集』）と、自らの無断の出奔を記している。このため、月照は翌嘉永七年（一八五四）二月、境外隠居となってしまう。月照四十二歳であった。

信海、兄の跡を継ぎ、成就院住職に

嘉永七年（一八五四）二月二日、そのころ清水寺塔頭の一つ光乗院に入っていた弟信海が、兄月照の隠居を受けて成就院住職となった。厳しい状況下の住職就任だった。もともと信海は学究肌で、彼自筆の聖教類や彼が収集した聖教類が、現在も数多く残されているほどだ。隠居したとはいえ月照とともに、信海は兄弟二人で真言宗子島流の再興に努めている。

しかし、寺内の反対勢力の蠢動《しゅんどう》は治まるどころか、激しさを増す始末だった。信海と隠居した月照を中傷するネガティブキャンペーンが、彼らによって張られるような事態まで起きた。そんな中、信海は一乗院を通じて援助を受けることで、財政状態を改善するなど懸命の努力を続けていた。

嘉永七年十一月二十七日、「安政」と改元された。二人が非命に倒れる時が段々と迫っていた。

月照、信海討幕運動に身を投じる

二人は協力して子島流の再興に努めたが、同時に勤王活動に挺身している。

忍向（号月照）の周辺には、左大臣近衛忠煕、青蓮院宮門跡尊融法親王、薩摩の西郷隆盛など、そうそうたる尊皇討幕派の人々の名が見える。月照、信海が師事した近衛陽明公の近衛家は、その縁戚から薩摩の島津家と縁が深い。ペリー提督による黒船来航以来、攘夷運動が盛り上がるが、月照はこの尊皇討幕、攘夷活動に身を置いた。近衛家に出入りし討幕運動家と朝廷公家との連絡役を務めていたとされる。

井伊直弼の謀臣長野主膳が安政六年（一八五九）一月八日付けで残したメモにこんなふうに記されている。「月照事（安政五年）三月より日々、小林民部権大輔（鷹司家の家臣）、鵜飼吉左衛門（水戸家家臣）、近衛殿、粟田宮（青蓮院宮門跡）、右の通、順々に廻り、闕《かけ》たるは唯一日のみ。毎日毎日昼前より出かけ、夜分八ツ時（午前二時頃）迄も近衛殿にては、いつも遅くなり候由」。長野主膳は月照こそが、近衛家と薩摩、水戸の両藩、そして青蓮院宮を結びつけた者であると見ていたことを示している。

もっとも月照は、初めから尊皇討幕運動に身を投じていたわけではない。最初は清水寺建て直しのために、近衛家との接触を深めていったことがきっかけだった。近衛家は藤原氏である。藤原氏の氏寺、興福寺は清水寺の本寺であり、特に興福寺一乗院門跡は近衛家から出ていた。この章で何度も、清水寺の運営に一乗院門跡が関与したことに触れている。そうしたことから月照は、近衛家の影響を強く受けるようになっていった。結果、尊皇討幕活動へと傾斜していくことになった。

これまた余談だが、清水寺の南、二〇〇メートルほど行くと、「歌の中山」清閑寺がある。一時期、隠居した月照が身を潜めたところだが、清閑寺にはかつて西郷と月照が密議を重ねたという茶亭が残っていた。清閑寺の門を入るとすぐに、「大西郷月照王政復古謀議舊蹟」の大きな石碑が立っている。その茶亭が謀議の場所だったのだが、残念ながら茶亭は今はもうない。

清閑寺は現在、新義真言宗智山派に属している。が、かつて清水寺が真言と法相の二宗兼学だったこともあり、姉妹寺だったという説も残る。月照の師蔵海上人の墓も、同寺の裏山にある。縁の深い寺である。

運命の時迫る。西郷を頼って九州へ

安政年間に入り、幕府大老井伊直弼による討幕派に対する弾圧が強まる。安政の大獄である。

月照は九州に逃れる。当時、薩摩に帰っていた西郷を頼った。安政五年（一八五八）のことである。筑前（福岡県）で前福岡藩士平野国臣に匿《かくま》われた。ここで大宰府を訪ねたり、ひと時の安息を得たが、幕府の追及は厳しかった。幕吏に追われ、国臣とともに薩摩に行く。

しかし、運が悪かった。時に利なく、西郷を小身時代から引き上げ、自身の懐刀としてつかうほど、バックアップしていた藩主島津斉彬が亡くなり、異母弟の久光の息子が後を継いだ。薩摩の実権は久光が握っていた。斉彬が薩摩藩主となる際に起きかけたお家騒動があるが、この時反斉彬派が擁立しようとしたのが久光である。そうしたことから斉彬の急死も久光派の陰謀説が出たほどだった。このため西郷は久光を嫌い、久光もまた西郷を嫌っていた。

このため、月照は受け入れられず、西郷とともに「日向送り」となる。国外追放である。この頃の薩摩の藩法は、国外追放者は国境で処刑するのが定めだったという。悲観した二人は、日向送りの船から相抱いて海に飛び込んだ。西郷は助かったものの月照は儚《はかな》くなった。十一月十六日のことだった（このため、現在の清水寺では十一月十六日を月照・信海両上人の忌日として「落葉忌」を営んでいる）。

月照の懐には二首の辞世が納められていた。

「曇りなき心の月の薩摩潟　沖の波間にやがて入ぬる」

「大君のためにはなにかをしからぬ　薩摩のせとに身はしづむとも」

翌六年正月には成就院当代の信海も、攘夷の祈禱を行ったとの嫌疑で捕らえられ、江戸伝馬町送りとなり、三月十八日獄中に没した。

信海の辞世は、同じ獄中にいた吉田松陰が知り、高杉晋作に手紙で伝えたことから、明治以後、松陰の名声とともに広く世に知られるようになったという。

「西の海東の空とかはれども　心はおなじ君の世のため」である。

月照の遺体は、鹿児島南林寺（現・南洲寺）に仮埋葬された。平野国臣が墓標を立てた。戒名は「静渓院鏤水清月比丘　安政五戊午十一月十六日滅」。生き返った西郷は、藩によって死んだことにされ、島流しとなった。

この時、月照に最後まで付き添っていた僕《しもべ》、（大槻）重助も捕らえられ、京へ送られている。

清水寺境内に残る茶屋は、この事件に由来

清水寺境内に「舌切茶屋」と「忠僕茶屋」という二つの茶店がある。「舌切茶屋」の名を目にすると、「おとぎ話の『舌切り雀』と何か関係あるのですか」と聞く人が多い。おとぎ話のような悠長な話ではない。凄惨な話が背景にある。

月照の竹馬の友で、同時に入山し後に還俗した近藤正慎は、月照に忠実に仕え、さまざまに月照を支えてきた。月照が九州に亡命した時、幕吏に捕らえられた。京六角牢獄でその行方を白状するよう、厳しい拷問を受けたが白状せず、舌を嚙み切って自殺した。寺ではその子孫の生計のため茶屋経営を許した。このことから、誰言うとなくこの茶屋の名は「舌切茶屋」となった。

「忠僕茶屋」は月照に最後まで付き従った忠僕大槻重助に、やはりその生計のため茶屋開設を認めたことに由来する。重助はその後、明治七年（一八七四）、月照の十七回忌が鹿児島で行われた際、鹿児島に行っている。当時下野し、故郷鹿児島で私学校を開き子弟の教育に当たっていた西郷から、月照の死を悼む漢詩を預かり、持ち帰っている。今その詩は、月照・信海の辞世とともに、境内北総門のすぐ北に刻まれ立っている。読み下したものを次に記しておこう。

相約して渕に投ず　後先無し　豈図《あにはか》らんや波上再生の縁　頭《こうべ》を回《めぐ》らせば　十有余年の夢　空しく幽明を隔てて　墓前に哭《こく》す　　月照和尚の忌日に賦す　南州

第十一章

願文、禁制に見る歴史の痕跡

清水寺には、あまたの著名な人々が参詣している。延鎮上人、坂上田村麻呂公によって開創、創建されて以来、およそ千二百有余年。老若男女、上下貴賤を問わぬ人々がお参りに訪れているが、ここでは、そうした人々が寄せた願文や禁制御触書などの面白いものを、いくつか取り上げる。

尊氏は遁世を希望、弟直義を跡継ぎに

まず室町幕府初代将軍、足利尊氏が建武三年（一三三六）に寄せた願文を。建武三年といえば、後醍醐天皇の建武の新政（一三三三年から）がわずか二年半で崩壊、南北朝時代となって、室町幕府はまだ開かれていない。いわば南朝北朝、相争っている真っ最中である。それにしては尊氏の願文はずいぶんと気弱で、遁世（引退）希望が述べられている。

この世ハ夢のことく《ごとく》に候、尊氏にたう《道》心たハせ《賜うは》給《たまい》候て、後生たすけさせをハ《おは》しまし候へ《べ》く候、猶々とく《疾》とんせい《遁世》したく候、たう心たハせ給候へく候、今生のくわほう《果報》に

かへ《え》て、後生たすけさせ給候へく候、今生のくわほうをハ直義にたハせ給候て、直義あんをんにまもらせ給候へく候

建武三年八月十七日　　尊氏（花押）

清水寺

自分は遁世し、弟直義に譲りたい。直義をよろしく、というのである。

親孝行の秀吉、母大政所《おおまんどころ》の病気平癒を祈願

太閤秀吉の家族思いは有名だ。その秀吉が天正十六年（一五八八）六月に、病に倒れた母大政所の本復を祈願した願文は、いかにも「秀吉」という感じが出ている。

猶以命之儀、三ケ年不然者二年、実々ニ不成者、三十日ニても延命候様ニ被思召候、

今度大政所殿煩於本復者、壱万石為奉加可申付之条、祈

念専一候也、

六月廿日（花押《豊臣秀吉》）

清水寺

ざっと読み下し、意訳してみよう。

なおもって命の儀、三カ年、それが無理なら二年、どうしても駄目なら、三十日でも延命させてくれるように頼りにしている。

この度の大政所の病気が回復すれば、一万石を奉加するので、一生懸命祈るように、というのである。大政所は無事回復し、清水寺には一万石の寄進があったといわれる。

清水寺境内での鉄砲禁止令二つ

①は永禄元年（一五五八）九月、当時京を押さえていた戦国大名、三好長慶のもの。②は松永久秀が永禄四年（一五六一）七月に出した禁制である。

①から。「成就院文書」に残る。

禁制　　清水寺

一、当手軍勢甲乙人乱入狼藉事、

一、剪採山林竹木幷取下草葺事、

一、向伽藍放鉄放（砲）事、付、近郷輩竊当山出入事、

右條々堅令停止訖、於山中儀者、為成就院本願如先々可有警固之、若至違反之族者、連可處厳科者也、仍下知如件、

永禄元年九月　日

筑前守（三好長慶）（花押）

②これも「成就院文書」に残る。

禁制　　清水寺

一、当手軍勢甲乙人等乱妨狼藉事、
一、伐採山林竹木事、付、取下草茸事、
一、相懸矢銭・兵粮米事、
一、陣取事
一、向伽藍放鉄砲事、付、殺生事、
右條々堅令停止訖、若於違乱之輩者、速可處厳科者也、
仍下知如件、
永禄四年七月　日
弾正少弼（松永久秀）（花押）

二つの禁令（実は「松永久秀の禁制」の一カ月後の八月に、三好義興も同じような禁制を出している）には、都での主導権を争っていた戦国大名たちが、清水寺に駐留し、配下の軍兵たちが境内で、乱暴にも伽藍に向かって鉄砲を撃つなどの、訓練を行っていた有様がうかがえる。

第十二章

俗説清水の七不思議

千二百有余年の歴史を持つ清水寺。戦乱や火災などによる災禍に何度も襲われたことは、これまで何度も触れてきた。しかし、何度災難に遭っても、前にも増して充実した堂塔伽藍となって復興して来た。

観音の御利益の集大成が「七不思議」

そうした清水寺の理解を超える力、まさに観音を信じる人たちの思いが結集した結果であり、取りも直さず観音の御利益だが、こうした御利益は清水寺の篤信者たちにとって「不思議」と思われ、さまざまな伝説が生まれていった。

それらが集大成して、いまや「清水寺の七不思議」といわれるようになっている。修学旅行で来山する修学旅行生たちは最近、かつてのように四、五十人の団体ではなく、班別研修といって数人で、自分たちの研究テーマを持って、清水寺を訪れることがしばしばある。彼らの間で研究テーマとしてもっともよく取り上げられているのが、「清水の舞台」とこの「七不思議」である。

「七不思議」といわれているが、いくつかの組み合わせがあり、実際には七つ以上の「不思議」が伝えられている。では「七不思議」とその番外編をまとめて紹介する。

馬駐《うまとどめ》の馬繋ぎ鐶《かん》に逆鐶の不思議

馬駐とは馬で参詣した公家や武士が、乗ってきた馬を繋いでおく場所。現代風にいえば駐車場である。そして鐶とは、馬の手綱を仕切りの両側の柱に繋ぎ止めておくため、柱に取り付けられている鉄製の輪である。通常の鐶はぶら下げられる形ではなく、横向けに取り付けられるのだが、清水寺馬駐の鐶は二カ所、向かって右から三本目の柱右面の上方と、四本目の柱右面下方の鐶が、垂直に垂れ下がるように取り付けられている。なぜかは伝わっていない。「大工さんの付け間違いというより、おふざけの遊び心だろう」というのは故横山学芸顧問の解釈だ。

仁王門外角柱の腰貫《こしぬき》の頭がへこんでいる不思議

仁王門正面の向かって右外側、西南の柱の腰貫の頭が、楕円形に深くえぐられたようにへこんでいる。この腰貫の出っ張った頭をカンカンと叩くと、その音響が斜交《はすか》い裏の対角にある角柱の腰貫の貫頭に伝わるといわれる。仁王門は応仁文明の乱で焼けたが、その後再建されており、寛永の大火では類焼を免れている。約五百年にわたって大勢の人たちが叩いてきた結果が、あの窪《くぼ》みなのである。なにゆえに音が伝わるのか、この門が非常に精密に建設されているからであろうと推測されている。現在は重要文化財でもあり、これ以上の窪みが進行しないようにするため、叩かないようにしてほしい。

石灯籠の虎が抜け出す不思議

仁王門をくぐると、右手に広場がある。西門下の階段前であり、中興開山故大西良慶和上の巨大な石碑『念彼観音力』の立つところである。石碑の右斜め前に石灯籠がある。江戸時代後期、「虎を描かせれば当代一」といわれた画家、岸駒《がんく》（一七五六～一八三八）の絵を刻んだものだ。岸駒はその評のとおり、動物の写実的な描写に優れ、特に虎の絵を得意としたことで知られる。

この石灯籠の絵も、どの角度から見ても、虎の目と正対しているように見えるため、「八方睨《にら》みの虎」といわれるほど、生き生きと描かれている。この虎、夜な夜な吼《ほ》え、さらには石灯籠から抜け出し、音羽の滝の水を飲みに出かけたり、境内を今でいうパトロールし警備してくれている、という伝説が生まれた。

四本柱ならぬ六本柱の鐘楼の不思議

仁王門を過ぎ、正面の階段を上っていくと、左手に朱色も鮮やかな鐘楼がある。その鐘楼、普通は寺の鐘楼といえば四本柱。ところが清水寺の鐘楼は六本柱である。

清水寺の鐘楼は応仁文明の乱後に描かれた『清水寺参詣曼荼羅』では、本堂を通り過ぎた背後にある。慶長十二年（一六〇七）に現在の場所に移され、寛永の大火は免れている。吊り下げられていた梵鐘は、応仁文明の乱後に寺再建に努めた願阿上人が大勧進として鋳造した二・三トンの重さを持つ梵鐘（国指定重要文化財）だった。このためだろうか、重い梵鐘をしっかりと吊り下げるために　補強用に梁間両側面に中柱を入れ、六本にしたものらしい。なお、この梵鐘は引退し宝蔵殿に収蔵され、現在は清水寺門前会が平成二十年に寄進した新梵鐘（二・一トン）が下げられている。

随求堂前の「景清爪形観音《かげきよつめがたかんのん》」の不思議

仁王門をくぐって、前の階段を上りきると正面に建つのが随求堂。その少し手前に幾つかの石像や石灯籠などがある。そのうちの一つに「かげきよつめがたくわんぜおん（景清爪形観世音）」と刻まれた石柱があり、背後に灯籠がある。

この灯籠の火袋の奥にある火穴の奥面に、観音像が線刻されているという。壇之浦で滅亡した平家の侍大将に、悪七兵衛景清という豪の者がいた。景清は落ちのび清水寺付近に潜伏し、源頼朝の命を狙っていた。彼が打倒源氏を願って心魂を込め、自分の爪で石に観音像を刻んだという伝説による。

火穴の奥は暗くなかなか観音像は見えない。良い天気の日にはほのかに見えることもあるというのだが、筆者はまだその機会に恵まれていない。

三重塔東南隅の鬼瓦は、通常と違う「龍」の不思議

三重塔としては日本最大級といわれる清水寺三重塔。この各層（重）のそれぞれ四隅に鬼瓦がある。こうした鬼瓦は層（重）ごとに、多くは鬼面や如来・明王・諸天の種字（梵字）だが、清水寺三重塔は東南隅の鬼瓦だけが「龍」の姿となっている。

龍は仏教発祥の古代インド以来、仏教・仏塔を守護するとされてきた。さらに水を司り、雨を降らすと考えられ、尊崇されてきた。このため、仏殿や仏塔の火除けの神ともされた。

東南隅に置かれた理由としては、龍（青龍）は東西南北を守る四神（北＝玄武、南

虎の図がある石灯籠。右はその拓本

「景清の足形」といわれる仏足石

＝朱雀、東＝青龍、西＝白虎）のうち東の守り神であり、京の都の東に位置する清水寺音羽の滝は、その青龍の住まうところであるから、というのが一つ。もう一つの理由は、京都の西北には火伏せの神が鎮座し、都を火災から守っているが、その対角線上に位置する、いわば〝裏鬼門〟的な東南隅を防災する呪《まじな》いであろう、というのである。なお、経堂の東南角の鬼瓦も青龍となっている。

水の流れもないのに轟《とどろき》「橋」が架かる不思議

本堂に向かう時、現在は参拝者の拝観券をチェックしているところが轟門。門に入る前には、この轟橋を渡らなければならない。「轟」の由来は、すでに第六章で述べた。元々は下に流れがあったが、寛永の大火後は地形も変えられ流れがなくなっているが、橋はそのまま残った。本堂に参る前、手水《ちょうず》で口をすすぎ、手を洗って身を清める。轟門・轟橋の手前には「梟《ふくろう》の手水鉢」があり、参詣者はこの水で身を清め流す。橋の役目は、流れを渡るためという実用的な理由だけではない。世俗の穢土《えど》（穢《けが》れた現世）から、神聖な本堂に入る境界に架かり、心身の六根清浄を再自覚させるためにあるのだ。

景清の足形？　弁慶の足形？　の不思議

轟門を入るとすぐに、朝倉堂がある。朝倉堂と本堂の間に大きな石が据えられている。台座部分を除き、石の大きさだけで高さ七五センチ、横幅一一〇センチ。削られた面に長さ五二センチという大きな足形二つが刻まれている。

その大きさから、平家の猛将悪七兵衛景清の足形であるとか、大男といわれた武蔵坊弁慶の足形などと、ガイドさんたちは説明している。足形の面をよく見ると、その指先や面全体に何やら文様がうっすらと見えるはず。お釈迦様の足形といわれる仏足石なのだ。

豪勇の景清、弁慶にあやかって、足腰の悪い人たちが、長年にわたって文様をさすり、その手で自分の足腰の悪いところ、痛むところを撫でてきたため、今では彫刻されていたお釈迦様の足の文様が消えかかっている。昨今はこの足形を撫で、その手で頭をさすると頭が良くなると、受験を控えた修学旅行生に人気となっている。

本堂腰長押《なげし》に弁慶の指跡の不思議

本堂の東西、ちょうど大人の胸くらいのところ、裳階《もこし》窓の下の腰長押に深さ一～二センチほどの条痕が、ずーっと長く付いている（実は拝観できない本堂北側、裏の部分にも）。

この深い条痕、俗に「弁慶の指跡（爪痕）」といわれる。清水寺本堂は寛永年間（十七世紀前半）に焼け再建されている。弁慶の活躍は十二世紀末。となると、弁慶の痕跡ではないことは明らか。では何か。

お百度参り、とか、お千度参りとかの風習があったことをご存じだろうか。通夜お籠りに参籠した人々が、夜中にお百度、お千度といった、本堂の周りをぐるぐる回って祈願を込める風習が江戸時代流行した。その際、回った回数を数えるための数取りに使った串などを、真っ暗な中、迷わぬように長押に押しつけて回ったおかげで、へこんでしまった跡なのである。

寛永の再建後、つい五、六十年前まで続いていた風習で、何十万人、何百万人の人がこすりつけたためできた、この痕跡も一面から見れば人々の深甚な清水観音信仰を証明するものなのだ。

番外編一　鐘楼両端の木鼻が違う不思議

こうした社寺建造物で、頭貫などの端が柱から突き出た部分を木鼻といい、装飾的な物である。象鼻、獏《ばく》鼻、猿鼻、拳鼻《こぶし》などがあり、通常は象は象、獏は獏のように同じ物で一対なのだが、清水寺の鐘楼は南方が獏、北方は象となっている。これもまた、大工さんの遊び心か。

番外編二　歯痛の人は渡れない轟橋の不思議

轟橋の構造は、中央部分が板張り、両側は石造りとなっている。このため誰いうとなく、中央板張り部分を舌に見立て、石造り部分を歯に見立てた。それで歯痛の人は両端石造り部分を渡ってはならないとか、まったく逆に、歯痛が治るとかいわれるようになった。

番外編三　弁慶の錫　杖《しやくじよう》と鉄高下駄の不思議

本堂西の車寄せに、大小二つの鉄の錫杖と鉄製高下駄が置かれている。大きな錫杖が九〇キロ、小さな方で一四キロ、鉄高下駄は一二キロである。これだけの重い錫杖を自由に扱えるのは、怪力の弁慶しかない、というところから生まれた伝説である。鉄高下駄は鉄鎖で下の厚板に事故防止のために括《くく》り付けられている。このため、触れても木から離れない――気が離れない――浮気防止となると、説明するバスガイドもいる。

実際には修験道の本場、吉野大峯登山で修行する山伏修験の講中が、修験修行の無事安穏を祈願し、その礼に奉納した物。明治中頃のことで、奉納者氏名が陰刻され残っている。

重くて軽い「おもかるさん（重軽石）」って何？

清水寺をお参りして、「なぜこんなものが、どうしてこんなものがあるの」というようなものが数々ある。この章では、今までの章で取り上げなかった清水寺の不思議を、大まかな参拝経路に従って紹介する。

まずは、清水寺門前参道、土産物屋さんが軒を並べる通りの西端に清水道と産寧坂（三年坂）の合流するところがある。その合流点の東北に「経書堂」という清水寺塔頭がある。正式には来迎院経書堂という。創建時はわからない。御本尊は十六歳の時の聖徳太子像。傍らに阿弥陀三尊像を安置する。「来迎」は、阿弥陀如来の西方極楽浄土への来迎の約束を意味する。堂の名「経書」は、法華経の経文を経木や小石に書いて奉納したことから。

ここに一見饅頭型の、黒くなった石が置かれている。占い石の「おもかるさん」である。参拝者が持ち上げて祈願成就を占う。両手で持ち上げるが、「スッと上がれば願いが叶えられる。もたつけば、またの日に改めて試みよ」とされる。

経書堂から門前の土産物店が連なる参道を東に上っていくと、左手に真福寺大日堂がある。ここも清水寺塔頭の一つである。「大日堂」の名のごとく、大日如来を御本尊とする。もともとの御本尊はすでに紹介した、宝蔵殿に収蔵されている重要文化財の丈六（二四二センチ）という大坐像。智拳印を結ぶ金剛界のお姿である。現在は胎蔵界の大日如来が祀られている。ここ大日堂の堂外軒下や外陣の欄間には、修験の吉野大峯登山の記念額がたくさん掛けられている。この中に清水焼の額が二面あり、清水一帯が焼き物の本場である面影を伝えている。

また近年、七福神ならぬ「八福神の図」の版木が大日堂から発見された。七福神にお福（お多福）という女性神を加えた非常に珍しい図。もとは江戸中期、本堂廊下に奉納掲額されていた図だが、正徳二年（一七一二）に真福寺が版木を起こし、木版刷りにし招福の縁起物掛け図として頒布し、人気を取っていた。近年、版木は行方不明だったが、その版木が見つかったため、清水寺はこの八福神図を袱紗《ふくさ》（カラー）とテーブルクロスに復活させている。

狛犬は「阿吽《あうん》」ならぬ両方開口の「阿」「阿」

清水寺仁王門前で、参拝者を待ち受けている狛犬一対は両方とも開口している。通常、神社や寺院の門前や殿堂前に安置されている狛犬は、密教思想から開口の「阿形」と、閉口の「吽形」である。もともと清水寺でも明治末年に篤信家が寄進した、金銅製「阿吽」の狛犬が置かれていた。太平洋戦争中の昭和十七年（一九四二）、戦争軍需用として金属供出があった際、徴発されてしまった。同十九年に狛犬のないのを悲しんだ信者団体、普門会（男性信者）と音羽婦人会が、この形で寄進したものが現在に伝わっている。

当時、清水寺住職の大西良慶和上の発案だった。平安末期、中国宋から渡来し、東大寺再建に働いた大工の棟梁に陳和卿という人物があるが、彼が彫作し、東大寺南大門裏の脇の間に安置されている、両方開口の狛犬をモデルにしている。中国や朝鮮半島には双方開口の狛犬があるそうだ。

ここでまた、故横山学芸顧問の見解を紹介しておこう。

「門前の魔除けという意味だけでなく、お釈迦様の教え、即ち仏教を大音声で獅子吼《しく》している姿である」とする。観光バスのガイドさんたちが、清水の坂を上ってきて、息を切らしている観光客に、「疲れなど笑い飛ばせ」という姿です、と説明しているが、仏の教えを獅子吼している姿という方が、清水寺らしい。

仁王門の石段を上がり、正面に向かって左隅に四角形の御影石が立っている。高さ三八センチ、幅と奥行が二四センチ四方で、頭部に高さ三センチの直方体がある。「基準点標石」という。明治政府が近代的日本全国地図を作成するため、明治七年（一八七四）、内務省内に地理寮という部門を作り、同十年には地理局と改称、三角測量を各地で実施した際、京都地区測量の基準測点の一つとした石が、清水寺に残されている。各地での残存は少なく、希少価値があり、歴史的文化遺産なので、平成十五年（二〇〇三）の仁王門大修理の時に、国土交通省国土地理院近畿地方測量部の協力を得て調査、整備し保存することになった。

西門下の広場は貴重な石造物ぞろい

仁王門をくぐって右手の南側、西門下の広場には数々の石造りの灯籠や石碑がある。その主なものを。

仁王門の南側横に大階段がある。その階段を上りきった右手に石灯籠が四基並んでいる。そのうちの仁王門側の二基は、徳川家光が寛永の復興の際に寄進したもの。六角火袋、丸柱竿という形。竿の側面に「清水寺石灯籠　寛永拾癸酉歳十一月吉日」との銘文がある。

家光寄進の灯籠二基の南側に、もう二つ同じ形の石灯籠が並んでいる。竿の銘文は「奉寄進清水寺石灯籠　并《ならびに》石段　東京渡海船図立願」「寛永二乙丑年（一六二五）九月吉日　願主角蔵　宿坊義観坊　本願周仙上人」と刻まれている。角蔵（倉）といえば、京の豪商角倉家。清水寺には角倉家が海外貿易（東京貿易）の成功を祈願し、寛永十一年（一六三四）に寄進奉納した「角倉渡海船図」が、宝蔵殿に収蔵されていることは既述した。

石灯籠は当時の角倉家家長の素庵（光昌。一五七一～一六三二）が、渡海船図は素庵の息子厳昭の寄進。厳昭の祖父、素庵の父は高瀬川の開削など京の町づくりに功のあった了以。厳昭と素庵の寄進の間に、寛永の大火（寛永六年）があった。石灯籠にはその火災の跡が残っている。黒くすすけ一部分傷剝《しょうはく》しているのである。

石灯籠に向かい合う西門下の石段右手（南側）に、巨大な自然石の石碑が立つ。『念彼観音力』と刻まれている。中興開山大西良慶和上の筆になる観音経の一節である。「彼の観音力を念ずれば、そうすれば必ず観音様の絶妙自在な神通力で、即時に助けられ解脱できる」の意。裏面に、碑建立の趣意文が漢文で書かれている。良慶和上が昭和三十年（一九五五）から月例二回の法話に通われた、京都市民の仏教修養団体「洗心会」が三百回の記念に寄進されたことなどが記されている。

随求堂はいま癒しと蘇りの場

石段を上がりきった正面に「随求堂」が建つ。正式には「慈心院随求堂」である。塔頭慈心院は廃仏毀釈後、廃院となり、その本堂部分だけが残った。御本尊を「大随求菩薩」とするところから、この名となった。大随求菩薩については既述した。お堂についても後述するので、ここでは現在の随求堂についてだけ。

いま、堂の地下部分で「胎内めぐり」が行われている。信州長野の善光寺に「戒壇めぐり」があり、戒壇の下、真っ暗なところを回るが、清水寺の「胎内めぐり」も同じ趣向である。平成十二年（二〇〇〇）、御本尊御開帳が行われた際、記念事業として行われるようになった。

堂に上がり、すぐに真っ暗な地下部分に下りていく。視界はまったく利かない。左側の壁に取り付けられている大きな数珠をまさぐりながら闇の中、無明の世界を光明を求めて歩くと、ほのかな明かりが上から一点、石を照らしている場所にたどり着く。石の上には「𑖢𑖿𑖨《ハラ》」の梵字が見える。𑖢𑖿𑖨は衆生のすべての願い、求願に随ってそれをかなえてくださるという大随求菩薩のシンボル文字（梵字）。この石はぐるりと回るようになっており、石を回しながら所願成就を祈願する。そして、無明解脱の道をたどって、明るい随求堂上に帰り、再び陽の光と出会う。

仏の胎内を巡って癒され再生、蘇ることができる、そんな場となっている。

心身清める　梟《ふくろう》の手水鉢《ちようずばち》と梟の水

仁王門が清水寺の正門とするなら、轟門は中門にあたる。轟門を通って本堂に向かうことになる。その轟門の前に、参詣者の心身を清めるための手水がある。

この手水鉢を「梟の手水鉢」といい、龍の形の水口から注がれる水を「梟の水」という。大きな手水鉢には「寛永十年十一月吉日」奉納と刻まれている。この手水鉢を支える台石の四角に、仏教の守護鳥とされる梟の姿が彫刻されているからである。台石は鎌倉時代の宝篋《ほうきよう》印塔の塔身を転用したものらしい。梟の手水鉢の水「梟の水」というわけである。

手水鉢の左隣に瓦屋根、二本柱の建造物がある。清水寺の建造物の中でもっとも小さい建造物で、昔の手布巾掛けの遺構。天保十一年（一八四〇）に寄進されている。

轟門の中央上の軒下に、『普門閣』の扁額がある。署名に「天和三（一六八三）癸亥孟春（二月）月舟書」とある。月舟は江戸時代初期の曹洞宗の禅僧。号は「宗胡」。名筆家として知られ、洛南宇治田原町にある禅定寺の中興で、熱心な観音信者だったため、清水寺成就院第十二世住職の寿性上人と親交があり、この額を奉納寄進した。

参詣者を出迎えてくれる「出世大黒天」

轟門を過ぎ、左手に朝倉堂を見て回廊を行くと、西車寄せからいよいよ本堂に入る。入るとすぐ正面、本堂外陣西端で大きな「出世大黒天」が、ニコニコ顔で参詣者を迎えてくれる。米俵の上に乗り、大黒頭巾を被り、右手には打出の小槌、左手左肩には大きな宝物袋を担いでいる。中世末から定着した七福神にある大黒天様のお姿そのままである。戦国時代に描かれた『清水寺参詣曼荼羅』で、参詣路出発点の鴨川中の島（五条通）にある大黒堂（法城寺）に鎮座していた大黒天様なのである。

出世大黒天の左手、内陣西入口があり、その脇に「塩断ち阿弥陀如来」（秘仏）が祀られている。昔、何か願い事をする時、塩断ちすることがあった。その時、祈願を込めたのであろう。

本堂の軒の周りには蔀戸《しとみ》が外開きに吊られている。蔀戸それぞれに落とし錠が付けてあり、その錠には鉄製の蟬の金具が付けられている。この蟬、不審者の侵入を防ぐ呪《まじな》いだといわれている。

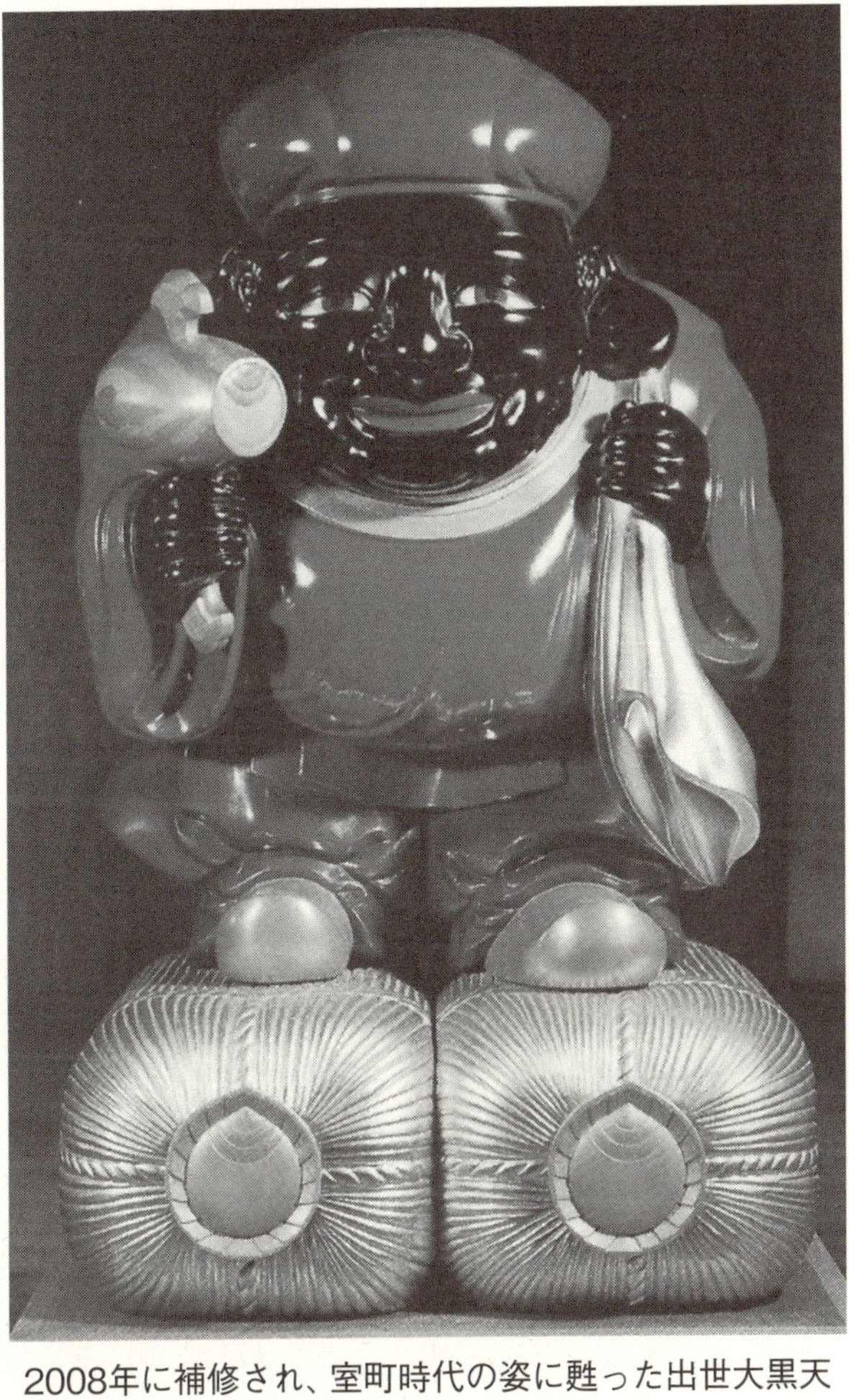

2008年に補修され、室町時代の姿に甦った出世大黒天

奥の院南脇堂には夜叉神《やしやじん》が、裏には濡れ手観音が祀られる

本堂を抜け、奥の院に向かうと、本堂舞台の半分くらいの大きさの舞台がある。その舞台をさらに進むと、南廊下東奥にある脇堂には「夜叉神」が祀られている。この夜叉神、もとは人間に危害を加える獰猛《どうもう》なインドの悪神。醜悪な容貌をしているが、釈迦に帰依し仏法を守護する神となった。毘沙門天の配下とされ、天空を飛びまわる。清水寺では境内の天空を飛んでパトロールし、寺の巽《たつみ》（東南）を警護している。「縁切りの神」とされ、悪縁を絶ちたいとする人々の隠れた信仰を集めている。

濡れ手観音は、奥の院東裏庭に、四方を石柵に囲まれ立つ。石造り小型の可愛らしいお姿で、お参りする人は傍にある蓮華水盤から柄杓で水を汲み、観音像にかけている。水は音羽の滝の水源の真上に湧き出る、滝の水と同じ「金色水」。この水を観音様にかけることで、自分自身は荒行の水垢離をせず、観音様に身代わりとなって「水行」をしていただき、煩悩や罪障を洗い流すのである。近年は頭、手、足、腰など自身の痛む個所にかけ、痛みが取れるとの信仰が広まり、年取った男女に隠れた人気がある。

廃仏毀釈などの難を逃れた地蔵や石仏が点在

「百体地蔵堂」は釈迦堂と阿弥陀堂の間、東の山際にある。ここにはたくさんの石造りの地蔵さんが安置されている。京都は各町内に必ずと言っていいほど地蔵さんが祀られていた。いまでも至るところで見ることができる。しかし、廃仏毀釈やいわゆるスプロール化現象など住環境の変化から町内人口が減り、地蔵さんの世話をする人がいなくなったりして、放置されるようになった地蔵さんが清水寺に移され、ここに百体地蔵堂が建てられた。子供を亡くした親たちの供養のお参りが絶えない。

境内には各所で地蔵だけでなく、釈迦如来・阿弥陀如来・大日如来、さらにはいろいろな観音像など、多くの石仏をあちこちで見ることができる。そうした石仏をひとところに集めた場所がある。仁王門の左脇（北側）に善光寺堂の側を通り、塔頭宝性院、大講堂の前をさらに進んで成就院に向かう道がある。いまではバリアフリーの参詣道として車椅子や乳母車での参詣者が利用する道でもある。成就院にたどり着く前、右手に沢山の石仏群を見ることができる。

俗に「千体石仏群」という。月照、信海、西郷隆盛の歌碑の裏側（北側）崖のところに、篤信の方々のご奉仕で、年に一回は前掛けを取り換えるため、ほとんどが前掛け姿の石仏が、数えきれないほど立ち並んでいる。中央に千手観音を中尊とし、さまざまな石仏がある。

もともと清水寺から南一帯は、かつては鳥辺野、鳥辺山という弔いの場所が広がっていた。そうしたことで、この付近には石仏が多く祀られていた。ところが明治の廃仏毀釈は、石仏を祀っていた寺々を容赦なく廃寺、廃院に追い込んだ。このため打ち捨てられるようになった石仏を、篤信の京都市民たちが清水寺に持ち込み、寺ではこのように祀ることになったものだ。古いものでは鎌倉時代のものもあるという。

最後に、いま一つよくわからない石仏を。奥の院から泰産寺子安塔へ向かう途中、子安塔への分かれ道の東の向かい側に、変てこなレリーフ石像がある。

一応は七福神の一員「福禄寿」とされている。だが、福禄寿にしてはいささか違うような姿である。翁が広袖の衣をまとい、宝冠に似た頭巾を頭に被り、長い顎鬚《あごひげ》をたくわえ、右手には杖、左手には経巻を持っている。向かって左の肩に五ツ星が彫り出されており、中国道教の道士風でもある。また、清水寺の開基、行叡居士であるともされたり、人によっては切支丹禁圧を逃れた隠れ切支丹の信仰の名残という説も。あるいは道祖神の一種とする人もいる。脇には小石仏が控えている。

福禄寿像から音羽の滝に向かう道の途中に、京焼・清水焼陶器の祖とされる野々村仁清と尾形乾山の記念碑が続いて立っている。大正九年（一九二〇）、京焼・清水焼の振興発展を願って、京都の陶磁器製造・販売業者や陶芸家、茶道関係者有志が「洛陶会」を結成した。彼らを助けようと当時の清水寺住職、大西良慶和上がこの碑の建立を境内に認めたのである。今日も洛陶会の後身が、毎秋、碑前で顕彰、供養の法事を営んでいる。

北天の雄、蝦夷の英雄「阿弖流為・母禮」の碑も

清水の舞台の下、音羽の滝から参詣路の帰路、舌切茶屋側の東側広場に『北天の雄阿弖流為母禮之碑』の石碑が立つ。石碑表面の左裾には「清水寺貫主　清範書」と陰刻されている。

阿弖流為と母禮は坂上田村麻呂公が征夷大将軍として、東北に遠征した際、対抗して戦った蝦夷の指導者。二人は田村麻呂公の、「多くの犠牲者をだした戦を、これ以上続けてはならない」との説得に応じて、朝廷軍に降伏した。田村麻呂公は二人を京の都に伴い、朝廷に助命を嘆願するも、朝廷の許すところとならず、二人は現在の大

阪府枚方市で処刑されてしまう。

現代になって、二人の本拠だった現岩手県の人々で、関西在住の関西胆江同郷会、関西岩手県人会などの人々が、「彼らは単なる反逆者ではない。むしろ地域の英雄だった」と、「関西阿弖流為母禮（アテルイ・モレ）の会」を結成し、顕彰と慰霊の碑の建立計画を発願した。当初、処刑された枚方市での建立を計画したが実現せず、田村麻呂公との縁で清水寺境内での建立を願ってきた。清水寺ではこれを快く引き受け、平安建都千二百年の一九九四年にここに建てられたという縁がある。毎年十一月の第二土曜日を原則に、碑前で顕彰と慰霊供養の法要が、一山僧侶によって営まれている。

さらに参詣道の帰路を行くと、忠僕茶屋の西にある築山に十一重石塔、曹洞宗太祖の瑩山禅師の報恩顕彰碑があり、近くには筆塚、戦後間もなくから二十八年間にわたって京都府知事を務めた蜷川虎三氏の句碑もある。

第十三章

清水寺堂塔の今

現在の清水寺には、国宝の本堂（「清水の舞台」を含む）以下、十五の堂塔が国の重要文化財指定を受けている。そして、成就院の庭園は国の名勝でもある。これらを中心に、清水寺の主な建造物を紹介していく。

ほとんどが寛永大火後の再建

国宝一、重文十五のうち、寛永六年（一六二九）の大火を免れたのは、仁王門・馬駐・鐘楼・春日社・泰産寺子安塔の五つ。それ以外、本堂をはじめ三重塔・西門・経堂・田村堂（開山堂）・北総門・轟門・朝倉堂・釈迦堂・阿弥陀堂・奥の院の十一の建造物は、すべて寛永大火で焼失、寛永十年（一六三三）までに、徳川幕府三代将軍家光によって再建されたものだ。寛永大火で焼け残った五つも、十五世紀の応仁文明の乱（文明元年＝一四六九年）で全山焼失後、再建されているから、清水寺では古いもので五百年余、寛永後の再建建造物で三百七十年余の歴史を重ねていることになる。

境内の参詣順路に従って、堂塔をお参りして行こう。まず国宝・重文には指定されていないが、仁王門前の広場に上がる階段北側（仁王門に向かって左）にある「善光寺堂」から。通称「善光寺堂」と言われているが、正式には「地蔵院」がその前につき「地蔵院善光寺堂」。ところが実態は「如意輪観音堂」である。というのも、もともとは本尊を地蔵菩薩とし、建武二年（一三三五）に創建された。いつの頃か判然としないが、如意輪観音を中尊とするようになり、江戸時代に入ると、「如意輪堂」と愛称され、「洛陽三十三所観音霊場第十番札所（清水寺には「洛陽三十三所観音霊場札所」が全部で五つある）となって信仰されるようになった。廃仏毀釈後の明治中頃、奥の院南にあった「善光寺如来堂」を合併したため、「地蔵院善光寺堂」となった経緯がある。

そのため堂の御本尊は「如意輪観音」。その両脇、向かって左に彩色された地蔵菩薩立像が、右に善光寺堂の名前の基になった、阿弥陀如来を中尊とし脇侍に観音（左）、勢至（右）の両菩薩が一つの光背を背負う形のいわゆる善光寺型の阿弥陀三尊像が祀られている。

全国的にも珍奇な遺構の馬駐《うまとどめ》

門前町の東端に階段があり、七段のこの石段を上がればいよいよ本格的な清水寺境内である。左手に平屋、白壁、切妻屋根、瓦葺の横長い建物がある。「馬駐」という。今でいえば駐車場であろう。応仁文明の乱で焼け、その後再建。室町時代後期の建物である。平成二十二年（二〇一〇）に「平成の大修理（解体修理）」（平成二十年八月に開始。十一年がかりの予定）のトップを切って解体修理を完工した。

乗馬で参詣した公家や武士は、どんなに位が高かろうと、ここで下馬し、馬をここにつないで徒歩で参詣した。五頭の馬をつなぐことができた。この馬駐は規模が大きく、全国的にも珍しい遺構として、国の重要文化財となっている。

二階建て、赤門ともいわれる「仁王門」

清水寺の正門といえる「仁王門」。二十一段の急な石段の上に、朱色も鮮やかな豪壮な門がそびえる。一階部分の左右両脇間に開口阿形の那羅延堅固《ならえんけんご》王立像（右）、閉口吽形の密迹《みつしやく》金剛力士立像（左）の両仁王像が門番を務め、諸仏と堂塔伽藍を守護している。ちょうど門前と京都市内を睥睨《へいげい》する形でもある。

二階部分の正面中央に、変わった書体の『清水寺』の竪額が掲げられている。平安中期、小野道風、藤原佐理と並んで「三蹟」と言われた能筆家、藤原行成（権大納言）の書と伝えられる。現在の竪額は平成十五年（二〇〇三）の大修理に合わせて補修されている。

『清水寺縁起』では、「大同二年（八〇七）、また伽藍を造り閎《ひろ》げる。法号『北観音寺』、堂（本堂）前の額に顕《あき》らかに、世号『清水寺』、大門の額に顕らかなり」とある。清水寺が本格的に創建された延暦十七年（七九八）の直後に、門も創建されたと思われる。それ以後、何回か焼失と再建を繰り返し、応仁文明の乱後に再建され、以後、今日に至っている。

八脚、二階建て、入母屋造り、檜皮葺、高さ一四・二メートル弱。重要文化財。

桃山様式の華麗さ誇る鐘楼

仁王門の真東の台地に建つ。鐘楼（鐘撞堂）は室町時代後期、戦国時代に描かれた『清水寺参詣曼荼羅』には本堂裏、地主神社東隣にあった。平安時代以来、ここにあったが、江戸時代初期の慶長十二年（一六〇七）、成就院第九代住職の玉円上人が隠居する際、幕府が鐘楼のあった地を隠居用の宝珠院開設地として上人に与えたため、鐘楼を現在地に移し再建した。このため、桃山建築様式の贅美を尽くした建物となっている。

元は目代職を出す塔頭慈心院の本堂・随求堂

鐘楼を左手に、右手に三重塔がある正面が随求堂。随求堂とは、御本尊大随求菩薩を祀るから。もともとは清水寺第二の役職である目代職を出す塔頭慈心院の本堂部分。江戸時代中期、享保年間、すっかり衰微していた慈心院を建て直すため、大坂和泉の盛松権律師という僧が、享保三年（一七一八）清水寺に入寺した。盛松権律師は塔頭慈心院の復興のため、享保二十年（一七三五）、本堂として随求堂を再建した。御本尊大随求菩薩は同十八年（一七三三）に開眼供養して祀っている。

慈心院は室町時代以前から「轟坊」の名で存在した。桃山時代、太閤秀吉が特に信心篤く、後継男子の出生を祈願し、寺領を寄進。「慈心院」となった。江戸時代に入ると、執行職（住職）の宝性院に次ぐ寺第二の役職・目代職の有力塔頭となった。

堂は前堂と後堂、それを繋ぐ相の間で連結した構造。前堂が外陣部分となる。前堂は楼閣風で下層の軒下正面には、盛松権律師の筆になる『随求殿』の横額がかかる。千鳥破風の正面白壁には、珍しい鏝絵《こてえ》の龍が描かれている。

仁王門（左）と西門（右）、奥に見えるのが三重塔

慈心院（随求堂）

後堂は内陣で、ここには秘仏御本尊の大随求菩薩を収めた大厨子がある。相の間には清水型千手観音、十一面千手観音、大聖歓喜天などが祀られている。地下部は「胎内めぐり」となっているが、外陣・内陣ともに非公開となっている。

「中興堂」は良慶和上の御霊屋

参拝経路からは少々外れるが、随求堂の左手（北側）に旧慈心院の空き地広場がある。ここに「中興堂」がある。良慶和上の十三回忌の平成七年（一九九五）に建立発願され、同九年（一九九七）に落慶した。岩手県平泉の中尊寺金色堂風の宝形造りで、清水寺では新しいお堂である。和上が中国仏教協会の趙撲初会長と親交があり、日中友好に尽くされたことから、趙会長の筆による「中興堂」の額が掲げられている。堂内には昭和平成の大仏師と言われた故西村公朝作の金銅製の和上坐像が安置されている。毎月十五日には和上の月命日法要が営まれる。

中興堂の北隣に、小さな社がある。「春日社」で、これでも国の重要文化財である。清水寺の産土《うぶすな》鎮守は地主神社だが、清水寺の宗旨「法相宗」の鎮守として、奈良の春日明神を勧請して建てられた。元は仁王門北側にあったが、大正十年（一九二一）に現在地に移された。寛永の災禍を免れた建物の一つだが、十六世紀後半桃山時代に再建されており、瀟洒《しょうしゃ》だが桃山様式を伝える典型的な春日造り神社建築である。

三重塔は田村麻呂公の孫、葛井親王の創建

随求堂の前を右手に曲がると、大きな三重塔が建つ。高さ三〇・一メートル（基壇部分を入れると三一メートル）は三重塔としては日本最大級。承和十四年（八四七）、坂上田村麻呂公の娘で桓武天皇の女御だった春子を母とする葛井親王が創建した。桓武帝の第二子嵯峨天皇が皇子誕生を清水観音に祈願し、霊験あらたかに安産となったため、葛井親王が嵯峨帝の勅命を受け創建している。このため「子安の塔」とされ、もう一つの子安の塔（塔頭の泰産寺子安塔）とともに、清水寺の受胎、安産信仰のもととなった。

創建当初は顕教の塔だったため、四方四仏（東の薬師、西の阿弥陀、南の釈迦、北の弥勒）を祀っていたが、清水寺が後に法相・真言の二宗兼学となった平安中期の十世紀以後、塔内部の荘厳も密教化したようだ。寛永大火の後、再建された現在の塔内部

は中央の須弥壇に、真言密教金剛界の本尊大日如来を祀っている。四方四面には大日如来から弘法大師空海に至るまでの真言八祖像（大日如来・金剛薩埵・龍猛または龍樹とも・龍智・金剛智・不空・恵果・空海）が描かれている。重要文化財。内部は非公開。

標高約一一〇メートル地点に立つ三一メートルの塔は、京都市街地からも観望でき、近くにある八坂塔（法観寺五重塔）とともに、京都東山のシンボルとして親しまれている。江戸時代に描かれた多くの京都名所図会にも登場、全国的に喧伝された。江戸末期の文政九年（一八二六）、オランダ人シーボルトが川原慶賀に写生させた『清水寺図』にも描かれ、ヨーロッパにも紹介されている。

現在の三重塔は寛永九年（一六三二）の再建。昭和六十二年（一九八七）に解体修理を落慶している。

華麗な桃山様式、阿弥陀浄土を想念する「日想観」を行ずる西門

三重塔の西側、極彩色の風変わりな門がある。西門である。門前には石造りの階段があり、その上に西方に向かって開かれた門である。八脚の門で、西側前半部は開放

空間になっており、その南北両側にはテラス状の床となっている。後半部は両脇間に持国天・増長天の二天を配している。前半部が神殿風、後半部が仏殿風という不思議な建物である。

そして、これまでにも何度も取り上げてきた『清水寺参詣曼荼羅』に描かれた西門テラスには、僧侶の姿がある。この姿、『観無量寿経』に説かれている「欣求浄土・往生極楽」のための、十六観法の最初の観である「西に沈む夕日を拝し、阿弥陀如来のおわします西方極楽浄土を想念する」という「日想観」修行の場であったことがわかる。

西門は寛永の大火で焼失したが、徳川家光による清水寺再建のトップを切って、寛永八年（一六三一）に再建されている。門各所にみられる横木や蟇股《かえるまた》、虹梁《こうりよう》などいずれもが極彩色で、絢爛《けんらん》たる金具など桃山様式の華麗さを誇る建物である。外部からの鑑賞可能、内部非公開。重要文化財。

学問寺だった清水寺の証《あかし》「経堂」

三重塔のすぐ東隣に建つのが経堂。「経」――一切経を蔵めるお堂である。いまは、一切経は別の蔵に収蔵されており、講堂として使われている。ギャラリーやコンサートの会場としてなど、イベントホール的にも使用されている。

清水寺はもともと一切経をはじめ、寺が所蔵する経典類などを研究する学僧たちが集う学問寺だった。清少納言の『枕草子』でも取り上げたが、当代一の名説経講師として、「文殊の化身」とまで言われた清範は、清水寺の上綱《じょうごう》（最上級の役僧、また一説には別当）にまでなっている。清範の後輩、定深《じょうじん》は興福寺上座から清水寺に来て別当となっている僧だが、彼は真言密教の研究者として名高く、千手観音についても深く研究。『千手陀羅尼会釈』や『（千手）観音四十手釈』『千手観音二十八部衆形像名号秘釈』などの研究書を残している。日記『中右記』を残した右大臣藤原宗忠は「一切経堂を見廻り、一代正（聖）教（仏教経典）を奉納す」と記している。多大な経典が集められ、学僧たちの研究に供されたのであろう。全国各地の古寺に残る史料にも、清水寺の蔵書をもとに書写、校正したなどとの記述があり、平安末期の清水寺は奈良仏教学問寺の伝統を受け継ぎ、全国各地の学問僧たちが、この経堂に集まり、仏典の書写や研究に励んでいたのである。ここ経堂は一大学問センターだったのであろう。

堂内には、中央奥の須弥壇上に七条仏所康音作の「宝冠釈迦如来坐像」と普賢・文殊の脇侍、釈迦三尊像が祀られている。左隣には中国・梁の傳《ふ》太子（四九七〜五六九。仏教経典の保存と普及に尽力したと伝えられる）親子像がある。鏡天井には円龍の天井画がある。作者は岡村信基とあるが、彼の経歴は不明。

なお、現在は釈迦三尊像を祀ってあることもあり、広い床面を持っているため、二月十五日の釈迦涅槃《ねはん》の日は山口雪渓が宝永五年（一七〇八）に描いた大涅槃図を掲げて涅槃会を勤修している。また、釈尊が悟りを得たとされる十二月八日には「成道《じょうどう》会《え》」法要を営んでいる。

寛永十年（一六三三）の再建、平成十二年（二〇〇〇）に全面的な改修が行われた。重要文化財。通常非公開、公開は不定期。

創建大本願の田村麻呂公夫妻を祀る開山堂（田村堂）

堂内には正面に大きな須弥壇。壇上には大きなお厨子（重要文化財）があり、その内に贈従二位、近衛大将・大納言の律令制による正装の田村麻呂公が右手に木笏《もくしゃく》、左腰には太刀をはく坐像で、夫人の高子命婦は女性貴族の正装坐像で収められている。寛永期の彫像で檜材、寄木造、彩色されている。左手奥の仏壇には行叡居士、延鎮上人の坐像も祀られている。四像とも非公開。

田村堂は寛永八〜十年の再建。非公開。重要文化財。

経堂と田村堂の間の道を北に行くと門がある。「北総門」である。この門は元来、本坊成就院の正門だった。寛永の大火の火元が成就院だったこともあって、塔頭全体は北に移動し、現在の場所となった。しかし、この北総門だけは元の場所に寛永期に再建され、平成の大修理でも解体修理された。門は「薬医門」形式。重要文化財。

田村堂を過ぎ、本堂へ向かう途中にあるのが、この「轟門」。轟門については、これまでいくつかの章でさまざまに触れてきたので、それほど付け加えることはない。三棟造りで八脚、奈良東大寺の転害門の規模を少し小さくしている。寛永期の再建で、重要文化財。現在は本堂拝観の際、参詣者の拝観券をチェックする所になっている。

「朝倉堂」は越前の戦国守護大名・朝倉氏の寄進

轟門を抜けると本堂へ向かう長い回廊がある。その回廊の左手、北側にあるのが「朝倉堂」である。「朝倉」とあるのは、この堂の寄進者が、越前（福井県）の守護大名朝倉氏の四代目貞景（一四七三〜一五一二）だからである。貞景は応仁文明の乱で京から避難した公家や僧侶を庇護し、清水観音への信仰が篤かったことでも知られる。先に触れたように、願阿上人の清水寺復興の勧進活動に対し、父の氏景とともに本堂柱五十本ずつ計百本、銅銭千貫文を寄進。同時に一族挙げて勧進活動に協力、寄進している。

さらに永正七年（一五一〇）には「法華《ほっけ》三昧《ざんまい》堂」を創建し、その灯明料田を付けて寄進した。「法華三昧」とは、法華経を読誦三昧し懺悔滅罪を祈り、現身《うつしみ》のままに菩薩となるため勤修する行法をいう。堂正面には「補陀殿」の横額が掛けられているが、観音浄土である補陀落山の観音宝殿という意味で、仏法修行の堂であった。

これも先述したが、堂創建四十年ほど後に描かれた『清水寺参詣曼荼羅』を見ると、朝倉堂が懸造（舞台造）だったことがわかる。寛永六年の大火で焼失した後、焼け跡を整地した際、地下部分から石函が出土、この中から約七寸（約二一センチ）の金色の清水型千手観音像が発見された。今この像は成就院の本尊として、持仏堂に祀られている。

堂内は正面中央に須弥壇、その上に板葺宝形造唐様厨子（重要文化財）を置く。厨子内には本堂と同じく、清水型千手観音三尊像（清水型十一面千手観音立像・毘沙門天・地蔵菩薩）を祀っている（秘仏）。明治初めの神仏分離で地主権現社の本尊から移座した文殊菩薩像、廃仏毀釈後に廃絶した寺内の諸塔頭、子院の諸仏像、西国三十三所観音霊場札所の観音像も祀られている。

洛陽三十三所観音霊場第十一番札所。寛永期の再建。重要文化財。非公開。

平安の寝殿《しんでん》造《づくり》の面影を伝える優美な姿の本堂

本堂については、御本尊のことから二十八部衆、舞台、絵馬など、多くを前述している。ここでは、これまで触れた部分以外の本堂について述べていく。

本堂、古来から「清水観音堂」と言われてきた。音羽山（標高二四二メートル）のちょうど中腹部、東山の峰に連なる音羽山頂上を東にして、南面して錦雲渓の高く険しい崖の上に建つ。まさに観音の住まう補陀落山さながらの場所である。前面南にはあの舞台を持ち、平安貴族の住まった寝殿造を、今に伝えている優美にして豪壮な建物は国宝であり、世界遺産の中心としての存在感は圧倒的である。

本堂は基本的には一重の寄棟造。甍《いらか》のついた瓦棟を頂上にいただく総檜皮葺き、屋根の形は上方が起《むく》り反り、そして下方反りを組み合わせることで優雅な姿を見せる。棟の高さは一八メートル、本堂面積約九八二平方メートルに被《かぶ》さる大屋根を、太さが大きなもので周囲二メートル以上、長さ一〇メートル余の太柱で支えている。この本堂の初代については、創建者の坂上田村麻呂公が東征の功により、桓武天皇から旧長岡宮の紫宸殿を拝領し、それを移築したという伝説もあるが、さもありなんというスケールである。

本堂内部は平面図でおわかりのとおり、南回廊の北に礼堂（外陣）があり、その北に正堂がある。正堂はさらに回廊風の内陣と須弥壇を置く内々陣という、全体としては三部構成である。礼堂部分は通常の参詣の際、履き物を脱げば上がって参拝できる。

寛永期の大火で焼失後、徳川三代将軍家光の発願で再建、寄進されている。内陣、内々陣は非公開。洛陽三十三所観音霊場札所の第十二番札所。なお、御朱印帳に『大悲閣』と記すが、大慈大悲の観音の住まうところの意。

旧産土《うぶすな》鎮守の地主神社

本堂東口を出ると、すぐ左手に地主神社への階段がある。地主神社はもともとは清水寺より古くからこの地にあった。愛宕郡《おたぎごおり》八坂郷の産土鎮守である。能の『田村』の舞台でも知られる。「地主の桜」といわれ、桜の名所としても有名。神仏習合時代には文殊菩薩を本地仏としていたが、神仏習合禁止・神仏分離令で清水寺から独立している。

地主神社を横目に行くと、左手に「納経所」がある。西国三十三所観音霊場第十六番札所、清水寺内にある五つの洛陽三十三所観音霊場札所の参詣御朱印は、ここで捺《お》す。

簡素美の「釈迦堂」、極楽仏堂の「阿弥陀堂」

納経所の前を過ぎ、右手（南側）に折れると、まず簡素な造りの「釈迦堂」がある。寛永の大火後に再建されたが、昭和になって再び大災難に襲われた。昭和四十七年（一九七二）七月に京都を襲った集中豪雨で裏山が崩れ、倒壊したのである。同五十年（一九七五）五月に、寛永再建の際と同じく復旧した。寄棟造檜皮葺、大棟は甍積みにしている。清水寺の他の諸堂に比べると一回り小さく白木のため非常に簡素な感がある。正面の三間は半蔀《しとみ》になっており、真ん中の下半分の立て込みからは内部が見えるようになっている。

堂内には釈迦三尊像が祀られ、天井の内陣部分は鏡張りにし、彩色した「天女遊飛」の図がある。外面の簡素さと天女の華麗さの対比が素晴らしい。

釈迦堂の南には、釈迦堂の簡素さとまったく反比例した感の、鮮やかな丹色の柱や極彩色に彩られた内部など、現世の極楽仏堂さながらの「阿弥陀堂」がある。阿弥陀の名でわかるとおり、阿弥陀如来を御本尊としている。法相・真言の二宗兼学だった清水寺に、浄土教のお堂がなぜあるのか。

この場所には、音羽の滝の裏山にあるということから、そう呼ばれたのであろう、「瀧山寺（たきやまでら・りょうせんじ）」という堂があった。平安末期、浄土宗の開祖法然上人が布教活動に取り組み始めたその頃、ここに「印蔵沙弥《いんぞうしゃみ》」という清水寺の僧がいた。文治四年（一一八八）五月十五日、法然上人がここを訪れた。『法然上人行状絵図』（国宝）の「清水寺説戒」という段に、こんなふうに記されている。

「大衆に戒の条目を読み聞かせ、犯した罪を懺悔させる〝説戒〟を行った。同時に、欣求浄土・往生極楽のためには、常に〝南無阿弥陀仏〟を称え行ずる『常行念仏』を説かれた」

印蔵沙弥はこれにうたれ、上人へ帰依。ここを阿弥陀堂とし、常行念仏の道場とした。阿弥陀堂では不断常行念仏三昧が繰り広げられ、清水寺の僧をはじめ、浄土の教えを信ずる無数の比丘・比丘尼が結縁した、とも伝えている。このことから、室町時代中期の後柏原天皇（一四六四～一五二六）は「日本最初常行念仏道場」の宸筆《しんぴつ》を下賜、その竪額が掲げられている。

また、御本尊阿弥陀如来坐像に向かって左側には、法然上人の坐像を祀っている（厨子内に正像、厨子前にお前立ち）。

堂中央の左右の柱には「洛陽六阿弥陀如来念仏道場」「円光大師廿五拝拾三番遺跡」の聯《れん》が掛かっている。円光大師は法然上人の諡号《しごう》。

堂内は、外陣中央の間を高くし鏡天井としており、ここには極楽の妙音鳥と言われる「迦陵頻伽《かりようびんが》」二羽が遊飛している彩色画が描かれている。長押や頭貫などは極彩色文様が、柱や軒下も朱塗りされており、まさに阿弥陀浄土を彷彿《ほうふつ》とさせる建物となっている。

洛陽六阿弥陀（真如堂・永観堂・清水寺・安祥院・安養寺・誓願寺）の縁日には、信者が多く参詣している。寛永期再建、重要文化財。

「奥の千手堂」。「奥の院」は本堂の小型版

阿弥陀堂を過ぎると、京の都を望み、果ては西山連山、そして西方極楽浄土に向き合うかのように、西面して建つ「奥の院」がある。音羽山西斜面の崖上に、本堂と同じく懸造の舞台を持っている。

音羽の滝の上に当たり、この地に行叡居士が草庵を結び、それを受け継いだ開山延鎮上人もまた起き伏しし、滝で修行したその草庵の跡地に建つと伝えられている。おそらく清水寺が、法相宗に真言宗を二宗兼学するようになった平安時代半ばの創建であろう。堂奥右脇壇に弘法大師の坐像を祀り、昔は「真言院」といわれたこともあった。

起り反りではないが、反りを持った檜皮葺の屋根、本堂の舞台の約半分ほどの規模ではあるが、懸造の舞台を前面に持つ構造など、まさに本堂の縮小版である。奉祀の形式も本堂そのままである。内陣中央に須弥壇を置き、本堂と同じく真ん中

を御本尊「三面千手観音坐像」、両脇に「毘沙門天」「地蔵菩薩」の脇侍という構成の厨子（いずれも重要文化財）が置かれる。それぞれの厨子の間には二十八部衆、風神・雷神が配されるというのも、まったく本堂と一緒である。

外陣に「ふれ愛観音像」がある。大仏師といわれた故西村公朝師が、眼の不自由な人にも、観音様に「触れて」、拝んでほしいと寄進したものである。

洛陽三十三所観音霊場第十三番札所、重要文化財。

千本山桜の道を行くと、瀟洒な三重塔「子安塔」

奥の院を過ぎると、左手に山桜約千本が植えられており、山の手の道近くには雪柳、紫陽花も植えられ、季節を彩っている。この山桜は、平成十二年（二〇〇〇）の御本尊御開帳の記念事業として植樹された。音羽山をはじめ東山の山々は、昭和初めの室戸台風で壊滅的な被害を受けた。音羽山も往古からあった、赤松を中心とした紅葉・黄葉する広葉樹の里山の風情を失い、椎や樫、樫といった常緑樹の山となってしまっていた。

これをもう一度里山の風情を取り戻そうと、篤志家の寄進で山桜植樹となったのである。この道を「歌の中山」清閑寺道を経て、およそ一〇〇メートルほど進むと、錦雲渓を挟んで本堂と対峙した「泰産寺子安塔」にたどり着く。

泰産は安産と同義。泰産寺は「子安塔」を守護する寺院で、元来は成就院の子院だったが、現在は清水寺塔頭。すぐ傍に子安塔が建つ。泰産寺仏殿の軒下には「大慈大悲観世音菩薩」の竪額、左脇には黄檗第二世木庵禅師書の「峰頂萬年松」の横額がある。殿内には本堂と同じく十一面千手観音を本尊とし脇侍の毘沙門天・地蔵菩薩、二十八部衆を小型にして厨子内に祀っている。泰産寺子安塔がこの地に移転直後、清水寺総代で京都政治経済界の大立者だった、内貴清兵衛がパトロンとなり、若き日の冨田渓仙、北大路魯山人らが寄宿し精進する、芸術家サロンとなっていた。

「子安塔」は不思議な由来を持っている。創建が奈良時代、聖武天皇と光明皇后の安産祈願によって建立されたとの伝承である。となれば、清水寺よりはるかに古い創建となる。ともあれ、もう一つの葛井親王に由来する三重塔とこの子安塔は、清水寺の創建から田村麻呂公御夫妻の安産祈願以来、観音菩薩の「子授け」「安産」「子育て」信仰を担ってきたのである。

高さ一五メートルは三重塔のほぼ半分。本堂の舞台から錦雲渓を挟んで望む檜皮葺、三間三重の瀟洒な姿は、なんとも可愛らしい。寛永期の再建とされてきたが、平成の大修理による解体で、明応九年（一五〇〇）の再建とわかり、応仁文明の乱での消失後、もっとも早く再建された清水寺最古の建物と見られる。

泰産寺は洛陽三十三所観音霊場第十四番札所。内部非公開。重要文化財。

月照・信海の塔頭、名勝「月の庭」を持つ成就院

通常の参拝路からは、まったく別で、仁王門前の階段を上らず、左手に回り込む通路がある。スロープとなっており、車椅子や乳母車を押しての参詣用となっている道を上がっていくと正面に池があり、左手（北側）に塔頭玄関がある。成就院である。

応仁文明の乱で全焼した、清水寺再建の立役者である願阿上人の住坊として創建された「本願院」が前身。後継の勧進聖たちが住み、全山回復がほぼ成った戦国時代中頃（十六世紀）の前半に、「成就院」と改称されたらしい。

江戸時代には、清水寺三役（執行職・目代職・本願職）の一つ、本願職の塔頭だった。本願職は堂塔伽藍や仏像の建造や維持管理、寺院財政・渉外などを担当した。現代企業風にいうなら、総務・庶務・経理・広報などを受け持ち、事務部門の中心であ

る本坊としてもっとも力を持つ塔頭であった。

現在の塔頭は、寛永十六年（一六三九）に徳川三代将軍家光の妹で時の後水尾天皇の中宮、東福門院の寄進で再建された。江戸時代最末期に月照、信海の兄弟が住職を務め、討幕運動に挺身し非命に倒れたことは既述した。大正三年（一九一四）、清水寺中興開山大西良慶和上が清水寺に晋山。住職となり、ここを住坊とされ、昭和五十八年（一九八三）に遷化されるまで住まわれた。良慶和上がお住みになったこともあって、書院には良慶和上の書が多く掲げられている。書院は、月照・信海両上人の忌日法要「落葉忌」をはじめ、各種の法要に使用されている。

成就院の見どころの第一は、何といっても国の名勝指定を受けている、「月の庭」の異名を持つ庭園だろう。かつて京都には、「成就院」の名を持つ寺院が三つあった。いずれも名庭で知られ、それぞれの特徴から「雪・月・花」を冠して呼ばれていた。雪と花の庭は廃仏毀釈のあおりや郊外への移転などでなくなり、残るは清水寺成就院の「月の庭」だけとなっているという逸話を持つ名庭園である。

室町時代中期、八代将軍義政の芸術顧問的存在だったといわれる相阿弥が原形を造り、後に貞門俳諧の松永貞徳や、大名茶人で造園家、築城家として有名な小堀遠州が補修・補作したという伝承を持つ、借景型の池泉鑑賞式庭園（かつては回遊式だった）である。江戸初期の造園書に「典雅温淳」と形容されているが、まさにその形容のとおり、四季それぞれに見どころのある庭園でもある。

太閤秀吉寄進と伝わる「誰ガ袖の手水鉢」、三角灯籠、樹齢四百年という大きな侘助椿など珍しい物が多くあるのも特徴。通常非公開。春、秋には夜間拝観とともに特別公開がある。

信仰布教の説法の場「円通殿」や大仏足石のある大講堂

仁王門から成就院に向かう途中、左手（北側）に近代的コンクリート造りだが、仏殿風の三棟建ての大きな建物がある。大講堂だ。北法相宗宗務所・清水寺寺務所といった事務部門も入っている。

中興開山大西良慶和上が、清水寺開創千二百年を記念して、現代的な観音信仰の宣揚、国賓・公賓などを迎えての国際親善、文化交流の伝道として建設を発願、和上死後一年の昭和五十九年（一九八四）に竣工した。大講堂の名のとおり、五百人以上を収容できる観音信仰布教の場で、本尊に清水型十一面千手観音立像、大西良慶和上坐像を祀る「円通殿」や、講義室風の「洗心洞」を持つ。

建物全体は三棟造、四階建て。釈迦如来が両手を広げて説法されている姿を表している。三つの棟の頂上にそれぞれ輝く金色の宝珠は、「仏・法・僧」の三宝を表現している。

中央棟は「多宝閣」。四階全体を吹き抜け構造としている。基底には大仏足石、最上階には仏舎利殿が祀られる。「大」と頭につけた仏足石は約四メートルとまさに巨大。故西村公朝師の考証によるデザインで、黒大理石に白く釈迦の両足の文様が刻み込まれている。千輻輪《せんぷくりん》はじめ卍《まんじ》、金剛杵《こんごうしょ》、象牙華《ぞうげけ》など、正しい教えである仏法が広がることを示す、とされる釈尊足裏の十一妙相である。

高さ約二〇メートルの四方壁面には、北に多宝如来、南に釈迦如来、東に薬師如来、西に阿弥陀如来のセラミック製レリーフの坐像が、一面に約千体、四千体以上も奉祀されている。ここでは散華が体験できる。仏足石は通常非公開。拝観希望者は事前に往復はがきによる予約が必要。

『清水寺の謎』に少しは迫ることができただろうか。千二百有余年の寺の歴史で、全焼などの災禍に十回以上も遭いながら、その災禍以前、いや以上のスケールで再興されてきた。昨今、年間およそ五百万人の拝観、観光客が訪れる。

こうした清水寺の「謎」、面白さ不思議さ、つまり魅力を書き始めると、「あれも、これも」と書きたくなり、収拾がつかなくなった。それを何とか大圧縮してまとめたつもりである。

清水寺学芸員としての私の前任者、故横山正幸先生をはじめとする先達のお仕事に大いに助けられた。どれほど感謝しても、感謝したりないほどである。

２０１２年２月

加藤眞吾

【参考文献】

「清水寺史」全4巻（通史1・2、資料編、図録編）
「京都清水寺さんけいまんだら」横山　正幸著
「実録『清水の舞台から飛び落ちる』
―江戸時代の『清水寺成就院日記』を読む」横山　正幸著
「絵馬　清水寺」土居　次義著
「描かれた日本の中世」（絵図分析論）下坂　守著
「中世奇人列伝」今谷　明著

清水寺　略年表

時代	和暦	西暦	事　項　　○は、その当時の出来事を示す。
	宝亀 9	778	大和子島寺の賢心、夢告により東山の音羽の滝に至り、永年修行の行叡居士に観音霊木をうけ彫像、居士に旧草庵に奉祀して寺を草創。
奈良	11	780	坂上田村麻呂、妻の安産のため鹿狩りに登山し、音羽の滝の清水に導かれて滝上に止宿・練行中の賢心に遭い殺生の罪を諭され、妻と共に観音に帰依して仮仏殿を寄進し、十一面千手観音菩薩像を安置、清水寺を創建。○賢心、名を延鎮と改める。
	延暦 17	798	征夷大将軍・坂上田村麻呂、東征の加護を報謝して延鎮上人と力を合わせ、さらに伽藍を造り広げ本尊金色八尺の千手観音像、脇侍に地蔵菩薩・毘沙門天像を安置する。
	24	805	太政官符により寺地を賜る。
	弘仁 1	810	鎮護国家の道場となり、法号「北観音寺」世号「清水寺」の額を掲げる。
	承和 14	847	嵯峨天皇の皇子誕生祈願により葛井親王、三重塔を創建。
	仁寿 3	853	坂上田村麻呂四男・正野、太政官符により清水寺俗別当に任命される。
	長保 1	999	○奈良・興福寺の末寺関係を強める。また真言密教の兼学兼宗をすすめる。
			○藤原道長の『御堂関白記』や『源氏物語』『枕草子』などに清水寺参詣・参籠盛行の様子が記される。
	康平 6	1063	8月、火災に遭い塔婆・鐘楼・食堂など堂宇焼失。
平安	寛治 4	1090	白河上皇・媞子内親王行幸、七日間参籠される。
	5	1091	塔一基を残し本堂以下全焼。8年再建供養。
			○『今昔物語』に清水寺観音の霊験物語 10 話が載る。
			○藤原成通が本堂舞台の欄干の上を蹴鞠して往復する。
			○南都・興福寺と北嶺・延暦寺の抗争によって興福寺の最前線に立たされ災難をうけ続ける。
	天永 4	1113	延暦寺僧徒、清水寺の坂房舎を破壊し燃やす。
	久安 2	1146	4月、僧兵乱入、火を放ち堂宇焼失。
	3	1147	○『梁塵秘抄』に清水寺参詣道行きなど歌われる。
	永万 1	1165	8月、興福寺の荒僧兵が延暦寺の額板を打ち破るを憤り、比叡山の僧兵が来襲。堂塔・僧坊焼失。承安 2（1172）年再建。
	承安 3	1173	11月、本堂等焼失。
	治承 3	1179	5月、祇園社神人ら来襲し一山烏有に帰す。夜叉神堂・房舎も焼亡。建久 4（1193）年再建。
	寿永 1	1182	後白河法皇七日間参籠。
	文治 4	1188	阿弥陀堂において、法然上人、不断念仏を修し「日本最初常行念仏道場」となる（法然上人二十五霊場第十三番礼所）。
鎌倉			○『新古今集』に清水の観音を詠んだ和歌二首が収められる。
	建久 1	1190	源頼朝将軍参詣。6年、夫人・姫と参詣。
	承久 2	1220	3月、本堂・釈迦堂・三重塔焼失。

時代	和暦	西暦	事　項　　○は、その当時の出来事を示す。
鎌倉	承久 3	1221	○『平治物語』『平家物語』『古事談』『宇治拾遺物語』『古今著聞集』などに清水寺信仰が記述される。
			○清水寺縁起（漢文）の増補・整備を進め、かな縁起を草案する。
	正元 1	1259	4月、火災のため本願堂・塔二基・中門・西門・地蔵堂・二社など消失。
	文永11	1274	12月、火災により本願堂・塔二基・大門・車寄など消失。
			○ほぼ現在に近い堂塔伽藍ができていた。
	正安 1	1299	塔炎上。翌年再建。
	正和 6	1317	地震で火災、塔・鐘楼・食堂・本願堂ら焼く。嘉暦3年(1328)、塔再建。
南北朝	建武 2	1335	足利尊氏、相模国糟屋荘を寄進。翌年、安楽道世を祈る願文を奉納。
			○『義経記』に牛若丸と弁慶が本堂舞台で渡り合う場面が記されている。
	正平 4	1349	2月、本堂・阿弥陀堂・仁王楼門・鎮守・谷々の坊・坂面の僧坊などことごとく焼失（永万以来の大災禍）。
室町	応永13	1406	9月、落雷により塔・田村堂・西門・愛染堂等焼失。
	29	1422	諸堂落慶供養。
			○謡曲(能)「田村」「盛久」「熊野」、狂言「お茶のみず」「居枕」「いもじ」や説話「一寸法師」「梵天国」、『閑吟集』などにたくさん取材される。
	文明 1	1469	7月、全山諸堂、応仁の乱の兵火に遭い焼失。
	10	1478	4月、願阿上人の大勧進により梵鐘を鋳る。
	16	1484	本堂再建。18年、願阿上人死す。
			○本願院（成就院の前身）創建される。また成就院が五条大橋の勧進銭の徴収、架替えの権利を持つ。
	永正 7	1510	朝倉貞景、法華三昧堂（朝倉堂）を寄進。
	17	1520	『清水寺縁起絵巻』制作される（土佐光信画、三条西実隆・中御門宣胤ら筆）。
	天文17	1548	4月、三重塔落慶供養あり。
			○『清水寺参詣曼荼羅』描かれる。清水寺僧の全国布教が旺盛になる。
			○武田信玄の願文が奉納される。
安土桃山	天正17	1589	豊臣秀吉、寺領寄進、門前境内地子免除の朱印状を下す。
			○イエズス会宣教師ルイス・フロイス来山、清水の滝など通信。
江戸	慶長12	1607	○「洛中洛外図」に名所としてかならず描かれる。江戸幕府より所領安堵の朱印状を受ける。
	寛永 6	1629	9月、本堂以下諸堂火災、春日社・鐘楼・仁王門・馬駐ら残る。
	8	1631	2月、徳川家光、清水寺再建を発願。西門・釈迦堂・阿弥陀堂再建される。
	9	1632	三重塔再建。
	10	1633	11月、本堂・奥の院・経堂再建。
			○扁額絵馬「末吉船図」「角倉船図」ら奉納される。

時代	和暦	西暦	事　　項　　　○は、その当時の出来事を示す。
江戸	寛永17	1640	○歌舞伎・人形浄瑠璃に清水物あり、扁額絵馬の奉納多くなる。
	元禄 4	1691	オランダ商館員ケンペル来山。
			○御開帳・千日詣・観音縁日などで大賑わい。講や組が盛んになる。
	文政 9	1826	シーボルト来山。岸駒「虎の図」石灯籠奉納。
	天保 6	1835	忍向（月照）、成就院第二十四世住職となる。弟の信海、高野山に登り真言密教と子島流を修学。
	嘉永 7	1854	信海、成就院第二十五世住職となる。忍向、隠居し近衛忠熙公に歌道入門、勤王活動をする。
	安政 5	1858	11月16日、忍向、西郷隆盛とともに薩摩湾に入水し、入滅。
	6	1859	3月18日、信海、江戸伝馬町にて獄死。
明治	明治 1	1868	明治維新。神仏分離令、地主神社が分離独立。
	3	1870	境内地15万6463坪が上地令により1万3887坪に減少。廃仏毀釈の難にあう。
	5	1872	法相宗所轄替えにともない、真言宗（醍醐寺）に所属。
	18	1885	法相宗へ復帰。京都府、舞台飛び下りを迷信の陋習として厳禁す。
			○滝行者ら鉄製の大錫杖・高下駄を寄進。
	30	1897	本堂（舞台を含む）特別保護建造物（国宝）に指定される。
	35	1902	6月、本堂大修理完成、十六日間本尊御開扉。
	44	1911	子安の塔、仁王門前下より現在地に移転。
大正	大正 3	1914	大西良慶和上、奈良興福寺より兼務住職で晋山。
	5	1916	○良慶和上、全国的に法話巡教を展開。
	9	1920	京都養老院（後の老人ホーム同和園）創立に尽力。
	15	1926	本堂舞台修理完成落慶法要、能楽奉納される。
昭和	昭和 9	1934	9月、室戸台風により音羽山全山樹木倒れ、本堂西廻廊倒壊。
	18	1943	成就院庭園、「名勝」に指定される。
	25	1950	本堂舞台修理完成。ジェーン台風で廻廊倒壊。拝観料（大人10円、小人5円）徴収、伽藍復興に充当。
	27	1952	本堂（舞台を含む）、国宝に指定される。
	31	1956	京都市の文化観光税問題が起こる。
	39	1964	第二次文化観光税問題起こる。
	40	1965	北法相宗を立宗。大西良慶和上、初代管長に就任。境内、古都保存地区に指定される。
	47	1972	7月、豪雨により釈迦堂倒壊。1975年、復旧。
	59	1984	大講堂落慶法要。仏足石奉祀。
	62	1987	三重塔解体修理・彩色復元落慶。
平成	平成 6	1994	世界文化遺産に登録される。
	12	2000	本堂本尊御開帳。経堂解体修理、彩色復元。随求堂胎内めぐり開始。
	20	2008	清水寺門前会、新梵鐘を寄進。
			西国三十三所観音霊場巡り中興花山法皇千年大遠忌慶讃全三十三所御本尊御開帳。～21年5月。
	22	2010	清水寺創建者・坂上田村麻呂公千二百年大遠忌法要。

※『京都清水寺さんけいまんだら』の「清水寺略年表」を元に作成

祥伝社黄金文庫

清水寺《きよみずでら》の謎《なぞ》
なぜ「舞台《ぶたい》」は造《つく》られたのか

平成24年4月20日　初版第1刷発行

著　者　加藤眞吾《かとうしんご》
発行者　竹内和芳
発行所　祥伝社《しょうでんしゃ》
〒101－8701
東京都千代田区神田神保町3－3
電話　03（3265）2084（編集部）
電話　03（3265）2081（販売部）
電話　03（3265）3622（業務部）
http://www.shodensha.co.jp/

印刷所　堀内印刷

製本所　ナショナル製本

　ISBN978-4-396-31576-4 C0195